平凡社新書
1073

70人への鎮魂歌

佐高信
SATAKA MAKOTO

HEIBONSHA

はじめに

『毎日新聞』の政治部長を経て主筆となり、TBSの「news23」のキャスターとしても活躍して、政治記者ならぬ政治話者などとも言われた岸井成格《しげただ》は大学時代のゼミの同期生だった。20歳の時からの長いつきあいとなったわけだが、松村謙三と河野謙三という「二人の謙三」を描いた拙著『正言は反のごとし』（講談社文庫）の解説を頼んだら、主に政治や経済の論評をしている私に対して「いわゆる経済評論家であれば、経済のイロハや数字を知っていなければならない。佐高は知らないし、関心もないように見える。佐高が知っていて関心のあるのは、独特のセンサーに感応した正邪、真偽であり、人間の生きざまと組織のあり方である」と、いささか〝営業妨害〟的な指摘をした。そして、佐高は「文明評論家」や「文芸評論家」、あるいは「人間評論家」と称してもいい、と続けている。「だから当然のように関心は政治にも向くし、政治家の生きざまに鋭い目を向ける」ので、時に「政治評論家」にもなるという岸井の規定には、結局はなるほどと頷くしかなかった。私には「辛口」とか「激辛」とかいったライスカレーのコマーシャルのような形容がつけられるが、それについても岸井は、「辛口」などという甘いものではないとし、「斬って斬って斬りまくっている。辛辣な舌鋒に斬られて周囲は死屍累々である」と断定している。

その解説を岸井はこう始めた。

「鬼手仏心という言葉がある。仏のような心で斬るべきものを斬る。佐高信が仏心を持つかどうかは寡聞にして知らないが、持つ剣は鋭い。切っ先に触れただけで血しぶきが飛ぶような鋭利さだ」。それは「日本人の精神の奴隷性への、憎悪に近い警鐘ともなっている」と岸井は書いているが、この追悼録の何人かにも「辛口」は発揮されているかもしれない。

ただ、ずいぶん前に福岡に講演に行った時に会った人に、思いもかけぬアングルから次のように書かれたことは付記しておきたい。

拙著を読み、「この辛さを、音で味わってみたい！」と講演を聞きに来て、コワイので一番後ろの席にしたが、「きっと金属性の声に違いないと思いきや、マイクに乗って届いてきた声は、やわらかい木のような、どちらかというと木管楽器の響きさえ感じられた」（林田スマ『ことばの花束』梓書院）というのである。

70人のこの鎮魂歌は、あるいは金属音も混じるかもしれないが、基本的には「木管楽器の響き」が聞こえるはずである。人生を歩くことにピリオドを打ったこの人たちの一筆書きを、どんな音が聞こえるのかにも注意しながら味わっていただきたい。

『日刊ゲンダイ』のデジタル版に連載している「追悼譜」から、ほぼ半分を選んで編集したが、連載はいまも続いている。

この本は2022年から2024年の間に亡くなった人の墓碑銘である。

70人への鎮魂歌●目次

第3章　会えなかった人

第4章　会いたかった人

第1章 また会いたかった人

早野透

田中角栄に惹かれた『朝日新聞』の政治記者

2022年11月5日没
享年77

ユーチューブで流れる「3ジジ放談」が「2ジジ放談」になってしまう。平野貞夫、早野、私の3人でやっていたそれが、早野の死によって平野と私の2人でやらなければならなくなったからである（その後、前川喜平が加わった）。

早野と私は同じ昭和20年生まれ。やはり同い年の吉永小百合の、早野は熱烈なファンだった。いわゆるサユリストである。

『朝日新聞』の政治記者として令名高い「ポリティカにっぽん」というコラムを連載しながら、素顔は喜寿を迎えても純情なロマンティストだった。

早野と私には『丸山眞男と田中角栄』や『国権と民権』（共に集英社新書）という共著の他に『寅さんの世間学入門』（ベストブック）という隠れた共著がある。

渥美清演ずる寅さんの映画について脈絡なく語り合った本である。その「はじめに」に早野はこう書いている。

「佐高信は天下をへとも思わない不遜の評論家、早野は朝日新聞の政治記者、いつも佐高から『おまえは優等生だからな』とからかわれる。そんな2人が、あっち飛びこっち飛び、ネット番組で好き勝手に語り合った『寅さんとボク』を本にした」

2人の対談を、ある人は、夢路いとしと喜味こいしの漫才みたいだと評した。確かに、私が挑発的に問いかけると、早野は「話が飛ぶなあ」と言いながら、悠然とマイペースの議論を展開する。「硬い話をやわらかく」深めるためには絶妙のコンビだと私たちは自賛していた。

東大法学部の丸山眞男ゼミで学び、田中角栄に惹かれて『田中角栄』（中公新書）をものした早野は田中の後援会である「越山会」について「驚きましたよ、『越山会』には元共産党員も元社会党員もいるんですね、戦前の小作争議を闘った人たちですよ、もう戦争はいやだ、せっかく農地解放で生きるすべを手にしたんだ。もっと豊かになりたい、そんな思いで角栄さんを担いでいるんですね。こりゃ利益還元政治というより民衆同盟だな、盟主の角栄を裁こうとする東京のエリート権力への抵抗の気持ちがあるんだな」と語っている。

『丸山眞男と田中角栄』という共著を出そうと思ったのは、ある時、早野が次のように言ったからだった。

「僕は、戦後民主主義というのは、シンボリックにいえば、上半身の部分は丸山先生がつくっていったと思っています。戦後というものの自覚、あるいは戦争観というものです。そして下半身は田中角栄がつくっていったという思いがします」

早野と特に親しくなったのは社民党の土井たか子の応援団としてだった。早野のやった大事な仕事に政治家にインタビューした『政治家の本棚』（朝日新聞社）があるが、そこで土井は早野の問いに答えて「懐かしい本」に『日本童謡集』を挙げている。それは神戸の大空襲で焼夷弾に燃えてなくなった。

相棒の死はこれからこたえてくるのだろう。

鈴木邦男

好敵手だった〝民族派〟と私の「3つの共通点」

2023年1月11日没
享年79

2歳上の鈴木とは、2010年に『左翼・右翼がわかる！』（金曜日）という対談本を出したが、3つの共通点がある。

1つは姉の存在である。

彼自身が書いているところによれば、小学校の遠足に母親ではなく姉が付いてきたという。付き添う例ですら少ないのに、姉というのは鈴木だけだった。同級生に当時の写真を見せられて鈴木は改めて姉に面倒を見てもらったことを思い出した。

結婚してからも子どもを連れて実家によく帰って来た姉は、

「クニオ君は早稲田に入るべきよ。反逆心のある人にはピッタリよ」

と弟に言い、その弟が高校の卒業間際に教師を殴って退学になると、飛んで来て、

「ヤケを起こしちゃダメ！　クニオ君はこの日本に必要な人になるのよ。だから、ここは我慢して！」

と説得し、一緒に学校に謝りに行って、何とか復学を認めさせた。その間の詳細は省くが、鈴木は姉のおかげと感謝している。

私にも姉が2人いるが、鈴木ほどではなくとも、その存在と影響は否定し難い。落合恵子に「サタカさんは女性に対して差別意識がない」と言われたことがあるが、その時、冗談半分に「差別していたら生きてこれなかった」と返した。差別し難い存在として鈴木も私も姉がいたのである。権力への抵抗心はそこに発している。

2つ目は共に東北出身だということ。明治維新で薩摩や長州は「官軍」と称したが、それに対抗する奥羽越列藩同盟を組織した東北の諸藩は彼らを〝官賊〟と切り捨てた。賊軍の汚名はお前たちにこそ返してやるということである。いつかの集会で、青森出身の鎌田慧と福島出身の鈴木、そして山形は庄内出身の私が一緒になったことがあった。それで私が「今日は奥羽越列藩同盟だね」と言ったら、すぐに鎌田が「津軽は早々に脱落してすみません」と謝ったのである。津軽よりも早く秋田が抜けたのだが、150年も前の話を現在まで引きずる風土が東北にはある。反中央とも言うべき気質である。それを鈴木は確実に引き継いでいる。

3つ目の共通点は竹中労に惹かれていること。無頼の怨筆をふるった反骨の竹中は左右を弁別せずに権力を撃ち続けた。「人は、無力だから群れるのではない。あべこべに、群れるから無力なのだ」は竹中の名言だが、鈴木も私もこの言葉にしびれていた。

前掲の対談本の「あとがき」に鈴木は、対談を前に、「じゃ、佐高信の右傾度を思い切って引きずり出してやるか」ともくろんでいたと書いている。そう意気込んで対談に臨んだが、あわや返り討ちかという場面が多かったと振り返っている。鈴木のリップサービスだが、私も鈴木の左傾度を引きずり出してやるかと思っていたところはある。天皇制や西郷隆盛や三島由紀夫について語ったが、私はいま好敵手を失って呆然としている。

西山太吉

メディアや岸田文雄に絶望して憤死したのだ

2023年2月24日没
享年91

国家の嘘を暴いた元『毎日新聞』記者の西山太吉の死を各新聞を含むメディアがそれなりに大きく取り上げている。しかし、報じたメディアは西山の怒りがそのメディアにも向けられていることを知っているのだろうか。

私が聞き手を務めた西山の『西山太吉 最後の告白』（集英社新書）で西山はこう憤る。

「戦後において、国家機密が日本のメディアによって暴かれたことがありますか？ 1回もないよ。西山太吉だけですよ。国家機密の暴露は」

沖縄返還の密約を暴いて、時の首相・佐藤栄作の怒りを買い、その取材方法が「情を通じて」だったとして逮捕された西山は天国から地獄への苦痛を味わった。

その時、メディアは西山に味方して国家権力に立ち向かったのかと西山は問うているのである。

「（国家機密の暴露は）1回だけ。最初にして最後。情けないですよ」

死後にこれほど焦点を当てるなら、生前にもっと西山の名誉回復に努めるべきではなかったのか。

「最後の告白」を受けた私はこう言わざるをえない。

「日本のメディアは何一つ、自力で取材し、裏付けを取ってはいないんです」

政府は密約をいまだに認めておらず、危険なものは焼却したり、なかったことにしてきたのだが、たとえば森友事件などでは改ざんに変えた。

「特に、安倍政権では特定秘密保護法を制定し、国民の知る権利を侵害する一方、内閣人事局による人事統制で、公文書改ざんや国会での虚偽答弁など好き放題やってきた。これに対して、メディアが徹底した取材や追及を本当にやってきたかについては、私は大いに疑問を持っています」

最初は否定しながらも、のちに密約を認めた事件当時の外務省アメリカ局長の吉野文六は諸永裕司著『ふたつの嘘』（集英社文庫）の中で西山をこう語っている。

「自分を、そして国民を欺いた国家に嘘を認めさせようという執念、そして正義感。さらには、みずからの名誉をなんとしても回復させたいという欲。そのすべてをひっくるめて、偉大だと思います。なにしろ、鎧兜をつけたような国を相手に、ひとり素手で戦ってきたのですから」

西山によれば、岸信介やその弟の佐藤栄作らの強権的な秘密主義を阻止すべく池田勇人や大平正芳らの宏池会は組織された。しかし、その流れをくむはずの岸田文雄には「宏池会のこの字もない」と西山は断罪する。大平と一心同体だった西山は岸の孫の安倍晋三に、亡くなってからも追随する岸田が腹立たしくてならないのだろう。

岸田は宏池会を名乗るが、「私の知っている宏池会とは似て非なるものですよ。宏池会は絶対追随しません」と西山は怒りに体をふるわせていた。

西山はメディアや岸田に絶望して憤死したのだと私は思う。

山下惣一

農民作家は農政への憤りを抱えたまま旅立ったのだろう

2022年7月10日没
享年86

農民作家と肩書のつく山下惣一に怒られたことがある。井上ひさしが校長の生活者大学校が毎年、井上の郷里の山形県の上小松で開かれていて、ある時、講師を頼まれて何か話をした。その後で、教頭役の山下に「テーマと違う」と叱責されたのである。井上からは「何を話してもいいから」と言われたのだが、山下としてはヒョーロンカなどという人種に一発食らわせたかったのかもしれない。

『村に吹く風』（新潮文庫）とか、『いま、村は大ゆれ。』（ダイヤモンド社）等の山下作品を愛読していた私は、その時、もっともだと思って、黙って引き下がった。

「この秋、コメは久しぶりに豊作である。喜ぶべきか、憂うべきか、まだ決めかねている」と前者の「あとがき」にある。

佐賀で主にみかんをつくっていた山下のエッセイに忘れられない場面がある。

日曜日に県道の傍らの畑で山下と奥さんが草むしりをやっていると、行楽でやってきた

車から真っ赤なパンタロンスーツの若い母親と一緒に小学3年ぐらいの子どもが降り立ち、

「ね、ママ、あのおじちゃんたち何か悪いことしたの」

と問いかけた。

以下のヤリトリをそのまま引こう。

「なぜ?」

「だって、悪いことをしなきゃ、あんなことさせられるはずがないでしょう」

「なんでなの」

「だって、学校ではね、宿題忘れたり、喧嘩した子に罰に草むしりさせるよ」

呆然とする山下の耳にトドメを刺すように子どもの声が届いた。

「よっぽど悪いことしたんだね、あのおじさんたち」

山下はこの後に「わたしも妻もしばらく黙って草をむしった。いまの教育の中で、農業は犯罪者の刑罰として組みこまれ教えられているのだな、と思った」と書いている。

山下の友人はかつて、「初めての減反の時は役場も農協もペコペコ頭さげて、涙をのんで協力してくれと頼まれたもんだ。それが、いつどこでどうなったのか、いまではあいつらそっくり返って、コメが余っているんだから減反するのは当然だといわんばかりの態度じゃねえか。ほんなこつ腹の立つ」と言ったとか。そして山下も「食糧危機がきて農業が見直される前に、百姓がまいってしまうんじゃなかとか」とつぶやいていたのだが、私は山下の死は農政ならぬノー政（政治がない）に対する憤死だと思う。

4割を切った食料自給率に対して国民から与党への怒りの声は聞こえない。ヨーロッパでは食料自給率の低い国は戦争をしたがる国だとされているという話も私は山下から聞いた。多分、最期はあきらめて旅立ったのであろう山下は啄木の「百姓の多くは酒をやめしといふ。もつと困らば、何をやめるらむ。」という歌を引いている。

高木郁朗

猪瀬直樹も丸ハダカにした革新の証言者が残した〝遺言〟

2022年9月23日没
享年83

すでに死を覚悟していた高木が2021年の暮れに出した『戦後革新の墓碑銘』（旬報社）にこんな一節がある。細川護熙が辞任して羽田孜が後継首相となる時のことである。

「僕はこの過程でホテルニューオータニにたてこもっていた平野貞夫氏と、社会党と新生党とのあいだで対立していた諸課題について非公式の話し合いを行った。大きな争点は、北朝鮮の核開発をめぐる情勢と消費税の引き上げを中心とする税制改革の2点だった」

小沢一郎のブレーンの平野は、いま、交渉相手だった高木の死を惜しむ。

のちに厚生労働大臣となった柳澤伯夫と高木は東大三鷹寮の同期生だったが、細川内閣ができるころ、柳澤からこう言われたという。

「社会党は年収400万～500万から1000万円ぐらいの有権者を相手にしているが、自民党は200万～300万の人を票集めの対象としている」

連合が相手にしていない層を自民党は相手にしているとも言えるわけで、これでは社会党が勝てるはずがない。

勝間田清一から成田知巳に社会党の政策審議会長が代わったころに社会党の政審にいて、それから教宣に移った高木は委員長になった成田のスピーチライターをしたりして、社会党と共に歩んできた。

戦後革新の申し子として、子どもに「恒久平和」の1文字ずつを入れたいと思い、順に恒一、久美、和人、淳平と名づけている。

向坂逸郎、太田薫、清水慎三ら「戦後革新を彩る人びと」は激しく対立もしたが、高木によれば「左手では殴り合い、右手では握手をしているようなつながり方」をしていたという。

ソ連（現ロシア）につぶされた「プラハの春」の立役者の1人、ズデネク・ムリナーシは「汗と血と涙をもった多様な労働者あるいは人びとこそが主体であるべきだ」と強調した。

『墓碑銘』には若き日の猪瀬直樹も登場する。信州大学経済学部での清水慎三のゼミ生だった猪瀬と、高木は一緒に仕事をしたことがあるのである。多分、猪瀬は喜ばないだろうが、その箇所を引用する。

「のちの東京都知事の猪瀬氏だ。彼は、僕の知る限りでは、信州大学在学中、中核派のセクトに属し、信州大学全共闘の議長をつとめ、大学当局とわたりあった。直接の相手は、僕の実質的なゼミ教官だった高梨昌信州大学経済学部長だった。猪瀬君は大学を卒業したあと、就職しないまま上京し、ビル清掃のアルバイトをしていた。国労東京20年史の作成では、山手線の巣鴨駅の近くにあった国労の寮に泊まり込んで、資料や聴き取りの整理などを一緒にやった。やがて、彼は明治大学大学院に入学し、橋川文三教授のもとに入って国労東京の仕事から離れた」

これは猪瀬が最も隠したい経歴のはずである。それゆえに貴重な遺言だろう。

矢崎泰久

伝説の月刊誌『話の特集』を創った男の破天荒

2022年12月30日没
享年89

最初の出会いは1976年の春だった。わが師の久野収が一橋出版から高校の『倫理・社会』の教科書の執筆を依頼され、弟子たちの他に中山千夏と矢崎を誘ったのである。

矢崎は早大中退後、『日本経済新聞』に入って労働組合をつくってクビになり、あまり上品ではない『内外タイムス』の記者などの経歴があった。

久野はその時「失礼だが」と前置きして、矢崎にこう言ったという。

「キミや中山クンのようにやネ、学歴はないけれどもねぇ、かえって学問に頼らず、学問をふりかざさず、学問にふりまわされない姿勢を持っている無学歴派が、現実に立脚した視点からいろいろな問題に取り組み、モノを言うていかなアカンのでねえ。学者が偉そうに学問のなかで何かいうても、実際どれほどの役に立つか、第一、まあ、学者のいうことや文章は、硬くてオモシロクないからねえ、そんなもん、近頃の若い人はほとんど本気で読まないよ」

結局、この教科書は文部省（現文部科学省）の検定を通らなかった。それで解説をつけて『検定不合格倫理・社会』と題して三一書房から刊行される。その中で矢崎は久野の関西弁を生かしながら、さすがの一文をまとめている。

そんな縁もあって矢崎は、ペンクラブの言論表現委員会で私が猪瀬直樹にからまれた時も、割って入ってかばってくれた。

公的に会ったのは『創』2019年4月号掲載の岡留安則『噂の眞相』元編集長追悼座談会が最後かもしれない。そこで矢崎は自らが創刊した『話の特集』誌をこう位置づけている。

「『話の特集』は1965年から95年まで30年間続いたんだけど、反権力反体制というだけじゃなくて、エンターテインメント、文化という色合いが強かった。和田誠さんが一緒にやっていたし、黒柳徹子さんとか永六輔さんもそう。そういう文化人がいろいろな発言をする登竜門みたいな感じだった」

反権力反体制では読者の不人気投票をやっていて、いつも昭和天皇が1位だったとか。

「右翼は何も言ってこなかったのか？」と私が尋ねると、矢崎は「言ってきますよ。僕は何回も刀を抜かれたり暴力沙汰になっている」と答えた。

この座談会の時点で矢崎は「俺も体力的にはもうダメ。永さんが呼んでいる声が聞こえる（笑）」と言っていた。

不思議なのは酒が飲めなかったこと。同じように飲めない渥美清と昼に馴染みの店で日替わり定食を食べ、コーヒーを飲んで別れていたらしい。

「知られざる作家の素顔」が副題の『人生は喜劇だ』（飛鳥新社）で矢崎は「私の知っている範囲では、小沢昭一、永六輔、杉村春子、千田是也、岸田今日子、吉行淳之介は文化勲章を辞退あるいは断っている」とし、瀬戸内寂聴について「私がもっとも疑問を覚えたのは、２００６年に彼女が文化勲章を受けたことだった」と書いている。

大江健三郎

ノーベル文学賞受賞作家は文化勲章を辞退した

2023年3月3日没
享年88

大江の死を知って、黒川祥子の『同い年事典』（新潮新書）を開いた。

1935年1月31日生まれの項に大江と成田三樹夫が並んでいる。悪役が似合った俳優の成田は山形県酒田市の出身で私の小、中、高の先輩である。

大江と成田が出会ったことがあるのかどうか、私は知らない。誕生日が同じ2人が会ったら、どんな話をしたかと想像するのは楽しいが、1935年生まれには、他にエルヴィス・プレスリーや美輪明宏、筑紫哲也、そして、アラン・ドロンがいる。

プロデューサーの久世光彦も同い年だが、久世は大江の小説を読んで、作家になるのを断念したと、どこかで告白していた。

愛媛出身の大江は映画監督の伊丹万作の娘のゆかりと結婚したが、それで「騙されたということは不正者による被害を意味するが、しかし、騙されたものは正しいとは、古来いかなる辞書にも決して書いてはないのである」と喝破した「戦争責任者の問題」を含む

『伊丹万作エッセイ集』（筑摩書房）の編者となっている。ゆかりの兄が大江と高校で一緒だった伊丹十三である。

先年、NHK松山放送局が万作の生誕100年を記念して番組を作り、その思想を未来につなげるために、姜尚中と私が語り合った。

大江と初めて言葉を交わしたのはTBSの「サンデーモーニング」で同席した時だった。終わって帰る大江に、

「身辺に気をつけてください」

と言ったら、

「佐高さんこそ」

と返された。「政治少年死す」等を書いて右翼の攻撃の嵐にさらされた大江にそう言われて、私は恐縮した。

ノーベル文学賞を受けた大江は、「国家と結びついた章だから」として文化勲章を辞退している。

もちろん、大江の、とりわけ初期の作品を私は愛読したが、何よりも親しいのは『ヒロシマ・ノート』（岩波新書）である。

ちちをかえせ
ははをかえせ
という峠三吉の詩をプロローグに『ヒロシマ・ノート』は始まる。大江にこれを書くことをすすめ、その取材に同行したのは『世界』の若き編集者で、のちに岩波書店社長となる安江良介だった。
何度かヒロシマを訪れた大江がそこで語るのは「人間の尊厳について」である。
たとえば、被爆者で肢体の不自由な子を生んだ若い母親は、自分の生んだ赤んぼうをひと目なりと見たいと望んだが、その願いはかなえられなかった。そのとき彼女は、あの赤んぼうを見れば、勇気が湧いたのに！　と嘆いたという。
加藤周一や井上ひさしらと共に「九条の会」を結成し、護憲を訴え続けた。80歳を過ぎてなお、反原発のデモに加わっていた。

齋藤愼爾

〝孤島のランボー〟とも呼ばれた知る人ぞ知る山形の俳人

2023年3月28日没
享年83

知る人ぞ知る深夜叢書社であり、知る人ぞ知る齋藤愼爾だった。ユニークな出版社の深夜叢書社からは上野千鶴子の句集『黄金郷』も出ている。自らも俳人である齋藤が若き日の上野の句を評価したからだろう。

齋藤は山形大学中退だが、私の高校の先輩である。酒田沖に浮かぶ飛島の出身で、その島の小学校、中学校はへき地指定を受けていた。だから、齋藤には〝孤島のランボー〟などという呼び方もあったらしい。

齋藤の末弟の齊が私と高校の同期で、夏休みだったかに飛島の齋藤の家に行ったことがある。1日ぐらいで帰って来る予定が、波が高くて船が出ず、1週間ぐらい留め置かれた。

齋藤の次弟の暹《のぼる》が笹沢信と名乗って、吉村昭や藤沢周平の評伝を書いた。後者にこんな一節がある。

「わたしは敗戦後、満州から父の生家のあった山形県酒田市の沖に浮かぶ飛島に引き上げ、そこで小学校時代を過ごした。周囲10・2キロ、2・49平方キロメートルの世界がすべてだった。冬になると日本海は荒れに荒れ、27トンという小さな定期船は月に1、2回しか航行しないことも珍しくなかった。海という『峠』の向こうには別世界が広がっていた。その世界の覗き窓は鉱石ラジオであり、新聞であり、雑誌の『少年倶楽部』『譚海』『子供の科学』などだったから……」

兄と同じくソウルで生まれた暹こと笹沢信は『飛島へ』という小説集を深夜叢書社から出している。

2014年にこの弟が亡くなり、ほぼ10年後に愼爾が亡くなった。喪主は齊が務めると書いてある。

2017年に私が『〝同い年〟ものがたり』(作品社)を出した時、1924(大正13)年生まれの項で、吉本隆明と相田みつをを並べて取り上げ、「プロレタリア詩人・壺井繁治らの戦時中の戦争協力を追及して論壇に登場した吉本は、以後、若者の間に熱狂的なファンを得て〝吉本教〟を確立した、などと書くと、吉本信者たちは怒り狂うに違いない」と続けた時、愼爾の顔がよぎった。

高校時代、私も習った秋澤猛という先生の指導を受けて、俳人として頭角を現し、青森の寺山修司と並び称せられる存在だった愼爾は吉本の本を出したり、瀬戸内寂聴の評伝を書いたりもした。

俳句雑誌の編集も手伝ったりしていて、私も何か書かされたことがある。しかし、後輩にはちょっと苦手な先輩だった。１９３９年生まれとあるから、私より６歳上である。

美空ひばりの評伝『ひばり伝』を書いて、２００９年度の芸術選奨文部科学大臣賞を受けている。手ほどきを受けたのは秋澤猛だが、その後、秋元不死男に師事して、山形大学在学中に第８回氷海賞を受賞したらしい。１９８３年には寺山修司らと俳誌『雷帝』を刊行したともあるが、敬遠せずにいろいろ話を聞いておくべきだったと思っても、後の祭りである。

森村誠一

『悪魔の飽食』への右翼の攻撃に一歩も退かなかった

2023年7月24日没
享年90

2012年秋に私は『飲水思源』（金曜日、のちに『メディアの怪人 徳間康快』と改題して講談社+α文庫）という徳間伝を出した。その出版記念会で森村は私と対談をしてくれたが、それが最後の顔合わせになった。

経済小説の作家と評論家として知り合ったが、『悪魔の飽食』（光文社）への右翼の攻撃に対して一歩も退かなかったことが忘れられない。

関東軍が731部隊に細菌戦の研究をさせていたことを森村は暴いたのだが、石井四郎率いるその部隊は中国人やロシア人の政治犯に人体実験をしていた。それをマルタと称してである。ハルビン郊外のその跡地に記念館めいたものが建っている。1997年に私は『黄沙の楽土』（朝日新聞社）を改題した『石原莞爾』（講談社文庫）を書くためにそこを訪ねたが、あいにくその日は休みだった。しかし、簡単に諦めるわけにはいかない。その時、私は森村が『悪魔の飽食』で中国に絶大な信頼を得ていることを思い出した。ちょうど一緒に行ったのが光文社の編集者でもあり、私は森村と親しいと強調して特別に見せてもらえることになった。帰国して森村に連絡したら、中国から問い合わせがあったという。『悪魔の飽食』は中の写真が一部違っていたことを理由に右翼から森村への批判が殺到した。「近日参上」と赤いインクで書いた手紙が森村の家に届いたり、玄関に赤いペンキをかけられたりした。

この事件で忘れられないのは、当時の角川書店社長、角川春樹の勇気である。残念ながら光文社は攻撃に屈して『悪魔の飽食』を絶版にした。それを角川が拾ったのである。社長の身の危険も考えて、社内では反対する空気が充満しているのに角川は言ったという。

「ここでうちがこれを出さなかったら、日本の表現の自由は後退する。ジャーナリズムの敗北である。一出版社の問題ではない」

森村と私は何度か対談したが、『俳句界』の2010年4月号のそれも忘れがたい。「今日は佐高さんにお礼を言いたくて」と切り出されたのである。山口誓子の句「海に出て木枯帰るところなし」を教えられたからだという。

「佐高さんが、これをいつも覚悟としているとおっしゃっていたので、知ったのです。まさに、これこそ自由業の覚悟の句だなと思っています。自由業でない人は、めったに海には出ないですから。組織という陸地にいる。だから、私にとって、『海に出て』というのは組織や管理の枠から飛び出して、というイメージで作家たるもの、かくあるべし、こういう覚悟で挑むべし、という思いでおります」

これは誓子が特攻隊を詠った句だといわれるが、森村は私など以上に深くそれを受けとめたのだろう。

森村は句も作ったが、「行き着きてなおも途上や鱗雲」、あるいは「行く果ては枯野と知れど旅やまず」などの作品を遺している。

西木正明

大事件ではなく「国境」に興味を抱き続けたダンディー

2023年12月5日没　享年83

西木は伊集院静と同じく女優と結婚した作家だが、ダンディーでイケメンという点では西木の方が上まわっていたと私は思っている。

西木が直木賞を受賞した時、『週刊文春』が「この3人に2メートル以内に近づくと空気感染で妊娠する」と書いた。その3人とは景山民夫と新井満と西木で、西木は私との対談で「その後、新井さんは〝いいお父さん〟のイメージをつくられて、景山さんは宗教のほうに行かれた。私1人が現状維持になってしまって……」とぼやいていた。

西木と吉永みち子、そして私の講談社の担当編集者が同じで、4人で何度か会った。

西木が秋田、私が山形の出身だが、マタギと遊んでいたという西木はおよそ30年前の時点で、人間と熊の遭遇が増えているという話をしている。

「戦後、木を伐採した後に杉を植えるという作業を繰り返した結果、熊の棲みかと人間の住み家がオーバーラップしちゃったんですね。うちは田舎の藪医者だったんですけれど、僕の子供の頃でも、熊と相撲を取って怪我をして、診てもらいにくる人がいたんです」

北海道の羆《ひぐま》と違って、秋田あたりの月の輪熊はせいぜい100キロどまりで、そんなに恐くはない。西木は「舞の海がよつばいになったようなもの」と形容していた。それで、「ぼつぼつ月の輪熊の保護運動をやろう」と仲間と話しているとか。

西木には『オホーツク諜報船』（現代教養文庫）や中国からの密出国者の『スネークヘッド』（講談社）、岡田嘉子と杉本良吉のソ連亡命の道案内人を描いた『丁半国境』（文藝春秋）など、国境にこだわって書いた作品が多い。それについてはこう語った。

「国境もそうですし、辺境と言いますか、物書きとしてはドラマが見つけやすいという作為的な部分もあるんです。大きな事件があったときに、その主人公のことを書く方はたくさんいらっしゃいますね。自分でもその答えを見つけてはいないんですが、僕の場合、大事件の主人公に対して興味が湧かないんです。大事件が起きるたびごとに、とばっちりを受ける人間が必ず出ますから、とばっちりを受けた人間のほうになんとなく気持ちが行っちゃうところがありましてね。たまたま国境はそういう事件が起きやすくて、そのとばっちりを受けた人間の被害が普通の場所よりもさらに大きいということがあると思うんです」

『ルーズベルトの刺客』（新潮文庫）という西木の代表作にもその特質が出ている。

ちなみに西木夫人の桑原幸子は『プレイガール』という番組に出ていた女優だった。私立探偵のようなツョーイおネエちゃんたちが悪人をやっつけるアクション・ドラマで、その中でも桑原はとびきりの美人だった。姐御肌の感じがあったが、彼女は西木の亡くなる前年に亡くなっている。夫唱婦随ならぬ婦唱夫随である。

赤松良子

女性官僚の会「あけぼの会」をつくった〝ヤンチャさ〟

2024年2月7日没　享年94

「あけぼの会」という女性官僚の会があった。初代の理事長が労働省婦人局長をやった赤松である。この会は1953年春、東大法学部を卒業して労働省に入った赤松が、3年先輩の森山眞弓と席が隣り合わせになって、いろいろ話し合う中で生まれた。

およそ40年前、私は『日本官僚白書』(講談社文庫)の取材で赤松に会ったが、茶色に染めた短髪の頭をちょっと傾けながら、彼女は誕生の当時を回顧した。小柄ながら、いわゆる気風がいいという印象は忘れ難い。

1968年に39歳の赤松が群馬労働基準局の労災補償課長として単身赴任した時、歓迎会の席で、ホウキを抱えて「世界は二人のために」を歌ったというエピソードも素直に頷けた。そのころ佐良直美がギターを抱えて歌うこれが大ヒットしていたのである。

その後、本省に戻っての婦人労働課長時代、男性課員と茶わん酒の飲み比べをして勝ったという逸話もある。

赤松は労働法学者の花見忠と結婚したが、どちらの姓にするかとなってジャンケンをし、赤松が勝って花見が姓を変えている。のちに離婚することになって、花見は姓を戻した。

「あけぼの会」は、その後、ほとんど活動しなくなったが、初期には「あけぼの」を望む彼女たちの大きな支えとなった。会報も発行していて、1966年4月1日発行の第4号には赤松がこう書いている。

「官庁機構というものは所詮男性ががっちりと築きあげた男性の秩序であってみれば、同じ資格、同じ能力でスタートラインにたち、それゆえ同じ待遇を受けることを期待する会員の多くは、現実に立ちはだかる差別と偏見の前にたじろぐ時を経験する。その腹立たしさを共感し多少でも現実を変える方法を一緒に考えようとする仲間であることで組織されたのがあけぼの会であるから、その会報の主題が職場における男女の差別におかれたのは自然であり、また会員のかなり多数が家庭をもっているところから、職業と家庭の両立の問題は実践的な課題であった」

のちに赤松は細川（護熙）内閣の文部大臣となり、森山は海部（俊樹）内閣の官房長官となるが、「あけぼの会」は〝次女〟でヤンチャな赤松が、〝長女〟の森山を巻き込んでつくったのかと尋ねると、

「マ、私が社長で森山さんが会長ネ」

と、国会で鍛えられた赤松の答弁は、さすがによどみがなかった。

「積極的に実力を示すようにしなければ、女だからと軽視され、やりすぎると女だてらにということになりかねない。とかく人の世は住みにくいと言いたくもなる。しかし、グチをこぼしていても始まらないから」として、あけぼの会は生まれた。「男性の間でポピュラーなつきあいマージャンやはしご酒の相手をつとめることで、人間関係を親しいものにするという方便をあまり好きになれない」と語った赤松と最後に会ったのは多分、石原慎太郎に対抗して樋口恵子が都知事選に立った応援の席でである。

國重惇史

住友銀行を暴露した男はネアカで無手勝流だった

2023年4月4日没
享年77

ベストセラーとなった『住友銀行秘史』（講談社）の著者で元同行取締役國重惇史は、鼻と口に大きなアザをつくって現れた。酔っ払って転び、大地とキスして30針も縫ったというが、額面通りに受け取ることはできなかった。

2016年10月10日付の『朝日新聞』「ひと」欄に取り上げられた國重には「住銀取締役などを経て楽天副会長を務めたが、2年前に女性問題で辞任」という説明がついている。

その國重に、どんなタイプの女性が好きかと尋ねると、一言、「タイプはありません」という答えが返って来た。

國重も私も1945年生まれ。同い年に吉永小百合がいるが、國重は彼女も好きだったらしい。しかし、同い年の死はやはり堪える。

住友銀行でエリート街道を歩きながら、内部告発の手紙を書いたと言えば、たくましくて厳めしい男を想像するが、ほとんど無手勝流のあっけらかんだった。

1990年から翌年にかけて、当時の大蔵省銀行局長・土田正顕に宛てた内部告発文を読むと、もちろん緻密さはあるが、損になるか得になるかをチマチマ計算してはいない。そのころ私は「イトマン事件」渦中の住銀を取材していて、のちに國重が書いたとわかる告発文を手に入れようと躍起になっていた。

対談の席でそう告白すると、國重は「言ってくれれば」と笑った。そんな冗談をとばすほどに國重は重々しくない。小柄でネアカだった。

國重が「サラリーマンのあり方」を問うたという『秘史』に突如、私の名が出てくる。

〈磯田（一郎）会長は「天皇」と呼ばれるほどの権勢をふるっていたが、その磯田会長の「恐怖政治」ぶりを佐高信氏が雑誌『エコノミスト』のコラムで叩いて話題になっていた。当時はだれも磯田会長の批判をできない空気がある中で、コラムでは磯田会長が住銀での先輩にあたる安藤太郎氏を「君呼ばわりした」などとその実情を明かしていた。もちろん行内はこの記事をめぐって大騒ぎになり、広報担当者は役員からさんざん怒られた。このころから、磯田会長の機嫌が悪いという話が私の耳に入るようになっていた〉

磯田の秘書も國重の重要な取材源だったらしい。新聞記者になりたかったという國重の取材は多岐にわたり、銀行お抱えの運転手とも酒を酌み交わす仲だったというから驚く。

騒動の最中でも國重は夏休みをとってハワイに出かけたりしていた。

「私は、休みはきちんと取る。日本人のサラリーマンにありがちなのが、土日も構わず、休みも取らず、一心不乱に働き続けるというタイプだ。それは私の流儀ではない」

國重は私にこうタンカを切ったが、「社畜ではなかったんですね」と尋ねると、返って来たのは「女と行っていたんですよ」だった。

あるいはその女性は磯田の秘書だったのかもしれない。

河村光庸

全共闘世代の男は芸能人への苛立ちを感じていたのだろう

2022年6月11日没
享年72

この人には気まずい雰囲気のまま逝かれてしまった。

『東京新聞』の望月衣塑子がモデルの映画『新聞記者』のプロデューサーである彼に『俳句界』での対談を頼み、一度会ってOKをもらい、日時も決まっていたのに、3日前くらいになって、「どうしてもヤリクリがつかないから」と変更を申し入れてきたので、怒ってケンカになり、対談はなしにした。いつか修復をと思っていたのだが、訃報に接してしまった。

亡くなった後で、やはり河村がプロデュースした『パンケーキを毒見する』を観た。首相時代の菅義偉を戯画化しているが、私は番組スタート時からのメンバーだったTBSの「サンデーモーニング」への出演を、菅が首相になった途端にストップされた。まだ、安倍晋三時代は少なくなっても年に3回くらいは出ていたのである。安倍があういう形で亡くなったことを河村ならどんなアングルから取り上げただろうか。

望月と私の対談『なぜ日本のジャーナリズムは崩壊したのか』（講談社＋α新書）で、望月が河村のことを語っている。

『新聞記者』が日本アカデミー賞を受けて、その授賞式の日、河村は望月に、「安倍政権によって表現が抑圧されているけど、いまこそ私たちは気概を見せなければ」といったことを言おうと思っていると話した。

そして司会のアナウンサー、羽鳥慎一に、そう伝えていた。

しかし、羽鳥は河村にはマイクを向けず、

「監督、どうぞ」

と言って藤井道人に発言を促したという。事前に話したら、スルーされるだろう。それならゲリラ的に言うべきだったと思うが、そんな人のよさ、あるいはオッチョコチョイなところも河村は持っていた。

河村の事務所の名前は「スターサンズ」だが、その由来もおもしろい。

河村は慶大生時代、学生運動をやっていて、逮捕される時にカンパを集めた。かなり集まり、「半年がんばる」と言って勾留されたが、数日で釈放された。それでカンパしてくれたみんなに合わせる顔がないと、沖縄に飛んだ。そして、「星の砂」の形をした砂などを見ながら、しばらく滞在していたのである。

東京に帰って来て、突然、頭に浮かんだ。

「そうだ、ビーチにあった星の形の砂、あれは売れるのではないか」

そう考えて瓶詰めにして販売したら、爆発的に売れた。だから、スター（星）、サンズ（砂）と名づけたという。

「本来は権力に歯向かっていくべき芸術や文化が潰されているという危機感が根底にあって、『新聞記者』の映画化に突き進んだ」

と望月は河村を語ったが、それに私は、

「飼い慣らされない野性こそが芸術の輝きだったのに、いま多くの芸能人は権力の家畜になってしまった。全共闘世代の河村さんはそれに苛立ちを感じていたんだろうね」

と答えた。

奈良岡朋子

年を重ねても艶を失くさなかった稀有な俳優

2023年3月23日没
享年93

従弟の結婚式から半世紀経ったいまでも、奈良岡のスピーチの語り出しが忘れらない。

「役者は脚本がなければセリフが言えないんですが……」

その後をどう続けたのかはまったく記憶にないのだが、洒落たことを言うもんだなと20代の私はいたく感心したのである。

しかし、80歳近くなると、彼女はいつもスピーチをそう始めていたのかもしれないな、などとも思ってしまう。

なぜ、従弟の結婚式に彼女が出ていたかというと、作曲兼編曲家の若草恵こと斉藤徹の結婚相手が『奇跡の人』のヘレン・ケラー役だったからである。私の母の妹が従弟の徹の母親という関係で、私は披露宴の末席に列なっていた。

『奇跡の人』では彼女は三重苦のヘレン・ケラーと壮絶な格闘を演じ、生傷が耐えなかったらしい。苛立って暴れる少女ヘレン・ケラーに負けずに生きる力を与えようとする家庭教師役が奈良岡の役だった。演劇はある意味で格闘技なのだ。

昭和4年生まれで、洋画家だった父親の影響で女子美の洋画科に進んだが、舞台美術に興味を持ち、劇団民藝に入った。宇野重吉や滝沢修のいた劇団である。

彼女より3歳下で早稲田に学んだコラムニストの青木雨彦が、彼女が女子美を受ける前に早稲田を受験して落ちた話はマル秘かと彼女に尋ねている。学科試験には合格したが、身体検査の時に、

「こんなガリガリじゃ、とても男子と伍してはいけないよ」

と言われてハネられたという。

「それが、一度も病気らしい病気もしないで、こうして生きているんですもんね。あの試験官に会ったら、もう一度、この体を見せてやりたいわ」

と言いながら、彼女はポンと胸を叩いて、青木にゴクリと唾を呑み込ませたとか。

彼女も青木も50歳目前の頃の話である。

インタビューで二度目に会って、青木は、

「いい女だなア」

と溜め息をついた。彼女は

「すこしオカしいんじゃないんですか？」

と軽くいなし、

「夜道、歩けないなア」

と青木をにらんだ。横浜生まれの青木と東京生まれの奈良岡の小粋なヤリトリである。

テレビでは東芝日曜劇場の『おんなの家』の三女役が評判になった。杉村春子と山岡久乃が姉役で、彼女はいわゆる嫁《ゆ》かず後家。ちょっとトボケた感じがいい。青木がそう言うと、

「ああ、あれ？」

と彼女は美しい眉を吊り上げて、

「あの役だけは、おっかさんでもないし、おばさんでもない。姉さんですもんね。あたしもそこが気に入っているんです」

と大笑した。

年を重ねても艶を失わない人は珍しい。彼女はそれを失くさない人だった。

八代亜紀

雨の歌が多い「歌がうまい子」

2023年12月30日没
享年73

前川春雄は勲章を固辞した珍しい日本銀行総裁だった。その前川が酔うと口ずさんだのが、八代の「舟唄」である。

ただ、この歌が好きな政治家も多くて、小沢一郎や小泉純一郎もそう告白している。とりわけ小沢はその歌詞の「無口な女」を愛したのだろう。

小泉は八代が絵の個展を横浜で開いた時に突然やって来て「ワッ」と驚かせたという。八代の出身地の清潔な政治家、坂田道太の家がすぐ近くで、小さいころ、正月に坂田の家に行って甘酒を振る舞われた。利権とは遠い坂田は何度も落選しそうになったが、八代の父も懸命に応援していたとか。

『俳句界』で対談したのは10年ほど前になるが、八代は天然で男っぽい印象だった。

そう告げると、「振られても振られたと思っていない」と笑った。プラス思考なのである。ただ、その後の言葉はリーダーたちに聞かせたいものだった。

「男性っぽいけど、気にしいですよ。人の顔色とかはすごく気になります。でも人の顔色が気にならない人は、駄目だと思うんですよ。人の上に立つ人はいろんなことを全部気にしていないといけない。そして気配りしないといけないと思うの」

どこかの国の〝鈍感首相〟に届けたい言葉だろう。

俳句雑誌での対談だったので、俳句への関心も尋ねたが、川柳の方が好きとのこと。

では、自作の川柳はと尋ねると、

「ちょっと下ネタなので、封印です」

と逃げられた。

あこがれの美空ひばりに初めて会ったのは1973年のある歌番組でだった。当時、八代は20代初めで、ひばりは30代半ば。

「あら、今日は歌がうまい子が来てるわ。負けないで頑張らなきゃ」

と言って、ひばりは八代を恐縮させたが、その後、八代はひばりの母親に呼ばれて、

「あなたね、お嬢（ひばりのこと）があんなことを言うのは珍しいのよ」

と言われた。それが、八代の誇りだった。

八代は自伝的な『私の命火』（主婦の友社）に、「雨と紫陽花は夫婦である」と書いてい

る。八代には雨の歌が多いが、その理由をこう続ける。

「私の演歌はほとんどが女心ですから、雨とつながるんですよね。涙雨とか言いますけど、泣いている姿って女らしいでしょう」

では、紫陽花は？

「紫陽花は特に水がないと死んでしまう花ですからね。水で生き返ったり、色を変えたりする。それは怒った色かもしれないし、穏やかな色かもしれない。そういうことを考えると、雨と紫陽花は、お互いになくてはならない連れ合いのような気がするんですよね」

また、八代は菅原文太主演の映画『トラック野郎』のマドンナだった。トラック野郎はいまは2代目になっているというが、息子たちは八代を「俺たちにとってもマドンナです」と憧れるという。

山本陽子

「悲壮感のある女性が好き」と語った女優の生き方

2024年2月20日没
享年81

『俳句界』の「佐高信の甘口でコンニチハ！」というコーナーで山本と対談したのは2019年5月16日だった。

私はテレビドラマの「付き馬屋おえん事件帳」が好きだったので、そう言うと彼女は、

「あれは楽しかったです」と微笑んだ。

普段は仕出し屋の女将なのに、悪い奴が出て来ると、どんどん斬りさばいていく。

「気持ち良いったらないですよ」

逆に舞台でやった「おはん」は耐える女性の役。一字違うだけなのに正反対なのである。

「どちらかと言うと、おえんの方が地に近いんですか」

と尋ねると、彼女はこう答えた。

「そうですね。おはんみたいに耐えるのは難しい。でも、人間的にはそういう悲壮感のある女性は好きなんです。芯の強さはおはんの方が上ですよ。だって、正妻でありながら、

夫と愛人の逢引を見て、そっと静かに帰ってくるようなね。普通だったら、乗り込んでいったりすると思うんですけど」

ためらいもなくスパッと話したが、実生活では「乗り込まれる」立場に立ったこともあった。私が知っているだけでも、田宮二郎に始まって、田村亮、田中健、沖田浩之と、噂になった男は多い。

もちろん、それについてストレートには聞かなかったが、彼女は対談の終わりにこう宣言した。

「私だって、若いときはいろいろなことを叩かれましたけど、どうぞ言いたい方は言ってちょうだい。私は私の生き方があるから、そんなことには負けていませんというふうに生きてきましたから。失敗したこともあるけど、挑戦しないと、失敗なんて言えないじゃないですか。挑戦してみて初めて失敗したかどうかわかるし、そういう気持ちを前向きに持って、生きていくことが、すごく好きです。失敗を恐れていたら、何も出来ないと思うんですよね」

ゴモットモデスと引き下がるしかない勢いだった。

次女だったせいか、勝ち気で、せっかち。

映画監督では『帝銀事件　死刑囚』の熊井啓が印象に残っているという。彼女が野村證券をやめて日活に入ったばかりだったとき、衣装から何から、細かいところまで、すべて監督が自分でチェックした。

「芝居にはとても厳しかったですが、すてきな監督でした」

日本人女性として初めてポルシェに乗ったというカーマニアながら、日本画に没頭する一面もあった。

私とは韓流ドラマにハマっているという点で一致した。

「まあ！　なんて嬉しいんでしょう！　それを話し始めたら、大変ですよ（笑）」

さすがに専門的で、「声の出し方が全然違う。あの激しい感じは、日本の文化とは違うじゃないですか」と1オクターブ声が高くなった。

山藤章二

イラストレーターは「笑いには下克上の力がある」と言った

2024年9月30日没
享年87

ライバル視された山藤と和田誠がそれぞれ『週刊文春』と『週刊朝日』の表紙を描いていたことがある。しかし、「この試合には負けました」と山藤は笑った。『サンサーラ』という雑誌の1996年8月号で対談した時である。私が51歳で、8つ上の山藤は59歳だった。

「山藤さんの絵だと女の人がなかなか手に取ってくれないんです」と編集者に言われて『週刊朝日』の〝奥座敷〟に引っ込んだとか。同誌を後ろから開かせると評判になった「ブラック・アングル」である。

〝辛口評論家〟という私のイメージは山藤が決定した。『朝日新聞』に連載した「佐高信の新・会社考」に山藤の描く私の似顔絵が載って、私のコワモテが印象づけられたからである。笑うことがないようなこの絵を私は気に入っていたのだが、私の母親は心配して姉に「アレがズーッと載るのか」と尋ねたらしい。

描かれて文句を言ってきたのは、たとえば作家の野坂昭如。山藤によれば野坂は「かなりマゾな人」だから、エッセイにこんなことを書いたとか。

「どうせオレはチンパンジーだ。山藤には盆暮れに付け届けをやっているのに、ちっとも効きやしない」

もちろん、付け届けなど来ないのである。新聞をめぐって、山藤とは次のようなヤリトリをした。

「噂の段階ではニュースにしませんからね。でも、噂の段階こそがいちばん鮮度がいいのであって、裏の取れたニュースなんかおもしろくもなんともない」

こう言って山藤が笑ったので、私も、

「私が『朝日ジャーナル』に企業批判を連載していた時に『裏はあるのか』とよく言われました。しかし、裏があったら表になっちゃう」と返した。

山藤の次の指摘も、初心を忘れた新聞には耳が痛いだろう。

「大衆の感覚で90%が黒だと思っていても、新聞社としてはなかなかおみこしをあげないわけですね。おみこしをあげた頃には、ニュースは古くなってしまっているわけで、大新聞は瓦版屋的なフットワークの軽さを失っていますね」

瓦版屋から出発したのにその精神を失い、「つまらないことでもおもしろおかしく書かなければ商売にならないはずなのに、今は、おもしろいことをつまらなく書きますからね」と山藤は続けた。

山藤と初めて会ったのは川柳の審査の席である。シティバンクが募集した「金融御意見川柳」の審査員として同席し、「通帳のシミかと見れば金利なり」といった作品を選んだ。日本の銀行で私を審査員にするところはないが、外資だから頼まれたのだろう。あるいは山藤が私を推薦したのかもしれない。

私が会う前から愛読してきた山藤の『イラスト紳士録』などには強烈な毒が含まれている。山藤は「笑いには下克上の力がある」と言った。

高橋春男

『噂の眞相』の連載仲間だった〝毒絵師〟のオチョクリぶり

2024年1月12日没
享年76

ナンシー関や高橋は『噂の眞相』の連載仲間だった。私は彼を毒画家とか毒絵師と呼んでいたが、何度か対談したこともある。早くに引退して気になっていたが、訃報でその消息を知ることになってしまった。

『噂眞』の連載は「絶対安全Dランキング」。ちなみに同誌の1998年10月号を開くと、1位がさくらももこで、2位が養老孟司、そして3位が中島らもである。

たとえば養老についての寸評が「ちょくちょく死んでるらしい。死ねなくなったら、それこそ死んだほうがましという。このくらい死ぬのを生き甲斐としているひとも珍しい」で、ヒネリが利いている。

12位の宮台真司については「世紀末相談を読むと、なんかだんだん死にたくなる。それは死にたくなるんじゃなく眠たくなるのと言い張るボク。それはバカだっちゅうの」と皮肉っている。時事性が強いのでわかりにくいかもしれないが、18位の田原総一朗についての寸評はわかるだろう。

「書斎をみるとその人がわかるというが、田原の書斎はなんの整理もされていない本だけがおいてあるという、まるで彼の頭の中のようだ」

27位が林真理子。

『噂眞』9月号でセックスレス夫婦とか出てたけど、目出たくご懐妊。体外受精。これならセックスレスでも可能か。不適切な関係ともいえないし」

やはり、かなりのオチョクリの対象だったのだろう。総評の方でも次のように触れている。

「林真理子はなんでも手に入れるタイプの女なんだけど、子供が出来たら次はいったい何を欲しがるんだ？　まさか孫ってこたないだろうし、立派な墓石とか……、ひょっとすると皇族と親戚になることかもしれない。うん、案外この予想は的を射てるかもしれない」

『追悼！　噂の眞相』によれば、高橋は1988年から2004年まで16年間同誌に連載した。

「最初は悪口ばかりだったんですが、途中からボクが面白いと思った人を選ぶようになって、ボクとしては楽しい連載になっ」たけれども、「読者には物足りなくなったかも」と振り返っている。

「田中康夫さんは、最初は嫌いでだんだん好きになって、今はなんだかわからない」とか。

「総合ベスト10の中で実際にお目にかかっているのは、ナンシー関さんお一人ですね。ボクには会いたがらない人が多いわけですが、ナンシーさんは、どうだったんでしょう」

亡くなってしまったナンシーに高橋は「あの世に行ったら、是非一度ご挨拶にうかがいますよ」と付け加えている。どんな話をしているだろうか。

「佐高信さんとは俵万智、杉浦日向子とボク、というメンツで飲んだことがあります。今となっては夢のようなメンツですな。いや、佐高さんを除いた二人の女性がですよ」

忘れていた飲み会だった。確かにそんなこともあったなあ。

武田花

人にカメラを向けるのは恥ずかしくてできないと猫を撮った

2024年4月30日没
享年72

「司馬遷は生き恥をさらした男である」と名著『司馬遷』を書き出した武田泰淳と、その盟友の竹内好らとのロシア旅行記『犬が星見た』で独特の感性を発揮した百合子との間に生まれた花は、やはりユニークなひとだった。こういうひとがいると、人生は楽しくなる。カメラウーマンなのに、人にカメラを向けるのは恥ずかしくてできないと言って、主に猫を撮っていた。

花が随筆に書いているところによれば、あるとき百合子はライオンがいると言って逃げ出した。

「お母さん。ひどいな。自分の子どもをほっぽらかして」

とにらんだら、百合子はこう言ったという。

「それなら、あんたは私を助けてくれるか?」

1951年生まれの花は、1990年に『眠そうな町』で木村伊兵衛賞を受けている。

そんな彼女と『パンプキン』という雑誌の1999年9月号で対談した。タイトルが

「うちの猫は私がいないと『うんこ』が出ない」。

編集者は事前に「サタカさんは大変猫好きで、武田さんとの共通点はそれだけかもしれないなあ」と言ったらしい。

しかし、猫以外の話もけっこうはずんだ。

父親の作品は読んだかと尋ねたら——

「死んでから初めて読んで、まだ全部読んでません。母から聞いたんですけれど、父は、家族に自分の小説読まれるのは、自分の吐いたゲロをかき分けられるみたいで嫌だと言ってたって」

なるほど。

「花さんのおかしさは天然のものですよね」

と言ったら、即座に、

「私、おかしくないよ」

と返された。

「アハハ。ごめん。ユニークさ」

と言い換えたら、素直に、

「そうお？　苦労足りないからじゃないかなあ」

対談とかも、「これはこういうことです」とまとめようとするから嫌いで、あまり引き受けない。

「あなたも猫型だねえ」

と言ったら、

「ホラ、まとめる。わかんないままにしておいてよう（笑）」

と反論された。

変わった両親の子どもで、よくここまで育ったなと思うと言ったら、彼女は、

「ここまで？」

と笑い、こう続けた。

「ああ、ちゃんと大人になれたってこと？　そうかもしれないなあ。だいたい私、生まれなかったかもしれないくらいだもんね」

泰淳と百合子は同棲していて、百合子は何度か妊娠、堕胎を繰り返し、ようやく結婚を決意して花の誕生を機に結婚している。

対談した時、花は47歳だったが、あの時の雰囲気のままに亡くなったと私は思う。

梁石日

「サタカさんスケベでしょ」と言われて、いっぺんに好きになった

2024年6月29日没
享年87

大分親しくなってから、2004年の暮れに『俳句界』という雑誌で対談した。

「梁さん、元は詩人です。このごろはまったくお書きになっていないようですが。あ、いまも詩人ですか?」

私がこう問いかけると、梁は、

「はい。心はいつも詩人です」

と、いつになく真面目な調子で返した。

「絶好調ですね」

と笑うと、梁も笑みを浮かべながら、

「いや、私の文学、つまり小説ですが、その原点は詩だという意味で真剣に申しています」

と言い切った。

最初の出会いで梁は私のヨロイをはずした。それは梁らしいはずし方だった。『同時代批評』を主宰していた岡庭昇に頼まれて、あるとき、その研究会で何か話をした。終わって立ち上がったら、前で聞いていた梁がいきなり私に、

「サタカさんてスケベでしょ」

と、ささやいたのである。そして、ニヤッと笑った。一応マジメな話をした後に、こんなことを言われて、私は驚くとともに、いっぺんにこの9歳上の作家が好きになった。私も人並みにスケベであることは否定しないが、梁には負ける。

梁に会うと私は嬉しくなって、羽目をはずし、反省せざるをえない経験もした。共通の知人である編集者の通夜の席で一緒になり、高笑いをしてしまったのである。

「サタカさんは梁さんと子犬のようにじゃれあっていましたね」

後でその席にいた人に言われて、しまったと思った。

『世界』の2004年7月号に、梁に詩の手ほどきをした金時鐘と梁の対談が載っている。

「彼（梁）は猛烈な読書家なの。年下だけれども読書遍歴では大先輩だな。カフカもサルトルも彼を通じて知ったよ。実存主義については、むしろ影響されてはいけないと思ってきたからね。彼によって本を読む間口が広うなりましたね」

同人誌『チンダレ』を主宰した彼にこう言わせるほど梁は「猛烈な読書家」だったが、微塵もそんな臭みを感じさせないのは、その後の「奈落の底に墜落していった」人生遍歴ゆえだろう。タクシーの運転手をしていて、大型貨物車に追突され、九死に一生を得る怪我を負ったこともあった。

「ぼくは荷物になるものを一つずつ捨ててきた。肉親、虚栄心、全書物。最後の砦だったなけなしの自尊心までどぶに投げ捨てた。お陰で身軽だ。いまや何の未練もない。昨日が今日で、今日が明日で、ぼくの未来は永劫にやってこない過去進行形である」

『タクシー狂躁曲』（ちくま文庫）で梁はこう述懐している。梁はいつも「ケンチャナヨ（なんとかなるさ）」の精神で危機を乗り越えてきた。

あの世に行っても、梁のこの精神は変わらないだろう。

石川好

へらず口を叩く相手がいなくなった寂しさに耐えられるか

2024年8月19日没
享年77

「近々また食事しよう」と電話で話したばかりだった。「おしゃべりの夫の肩にぼたん雪」という句を作った石川夫人の殿谷みな子は「あの人らしい」と語る。マイペースでさっさと逝ってしまったということだろう。

石川の故郷は伊豆大島だが、彼に頼まれて講演に行き、大島には〝ダメトモさん〟という呼び名が生きていることを知った。

言うまでもなく、タメトモとは大島に流された鎮西八郎為朝のことで、島の外からやって来て、島の娘と結婚し、島に住むようになった人のことを〝為朝さん〟と呼ぶのだという。町長になったタメトモさんもいるらしい。

高校を出るとすぐ、カリフォルニアに渡ってイチゴ摘みをした石川は〝世界の為朝さん〟といった感じもある。あるいは〝世界の風来坊〟だった。

石川には酒田市美術館の館長という肩書もある。平田牧場の創業者、新田嘉一との縁でそんなポストにも就いた。

石川は酒田の娘と結婚して酒田に住むようになったわけではないが、私の故郷の酒田への貢献は〝酒田の為朝さん〟と言っていい。「ハローキティアート展」など石川ならではのユニークな発想から生まれた企画だろう。

私は石川を〝人たらし〟のナンパ師と書いたことがある。これが載った夕刊紙を彼がまだ読んでいない時、彼の姉の同僚が、

「弟さんがスケたらしだと書いてあるよ」

と告げたらしい。

それで姉から彼に電話が来て、まさかサタカがそんなことを書くはずがないと思いながら少し不安になったとか。

たしかに、人の中には女も入るが、ちょっとオーバーに書き過ぎたかもしれない。

大宅壮一ノンフィクション賞を受けた彼の『ストロベリー・ロード』の印象から、石川をアメリカ通と思っている人が多いだろうが、中国の要人ともつきあって、日中友好の基盤づくりにも精を出した。

彼の人脈の広さには驚く。私はソフトバンクの孫正義を石川に紹介されたが、その一方

で、たとえば巨人のエースだった桑田真澄とも親しく、『投手・桑田真澄の青春』（現代教養文庫）などという本も書いている。

新党さきがけから参議院議員選挙に出たこともあるが、有権者にお願いするのではなくお願いされるのだとして、机を前にすわり、そのユニークさが話題になった。「朝まで生テレビ！」などで同席した者たちが応援に行くと言いながら口先だけだったのに、私は鎌倉で彼のために演説をした。

石川と私には『辛口甘口へらず口』（清流出版）という対談集もある。先年、私が『いま日本はタカ派ばかり』（毎日新聞社）という時論集を出したら、「タカ派」ではなく「サタカ派」ではないかと冷やかしてきた。

そんな〝へらず口〟を叩く相手が急にいなくなったのである。その寂しさに耐えられるか？　いまはまったく自信がない。

第2章　袖すりあった人

安倍晋三

叔父・西村正雄は、ネオコン的体質を心配していた

2022年7月8日没
享年67

「安倍晋三撃たれる」の報に接して、まず思ったのは、叔父の西村正雄から私がもらった手紙のことだった。西村は安倍晋太郎の異父弟で、旧日本興業銀行の頭取として、みずほ銀行の誕生に力を尽くした人である。

首相の小泉純一郎の靖国神社参拝を厳しく批判するような骨のあるバンカーだった西村は２００６年８月１日に急逝したが、２００５年４月16日付の私宛ての手紙でこう書いている。

〈安倍晋三に関しても、かねがね「直言する人を大事にしろ」と言っておりますので、厳しく批判して頂きたいと存じます。私にまで「次期総理確実ですね」などとお世辞を言う人もおりますが、その都度「未だ10年早い」と答えています。小泉離れとネオコン的体質からの脱皮が総理になる条件です。然し『文藝春秋』の5月号で彼を総理候補に挙げている人が圧倒的に多く、このような世間の風潮には危惧を感じざるを得ません〉

典型的なマザコンだった晋三は、母の洋子の父、岸信介の自慢はしても、父方の祖父の安倍寛のことはほとんど口にしなかった。

しかし、安倍寛は戦争中の翼賛選挙に非推薦で当選した政友会の代議士である。統制派官僚の岸とは対照的なリベラリストだった。『毎日新聞』記者出身で元外相の晋太郎はそれを誇りにし、「私は岸の娘婿ではない。安倍寛の息子だ」というのが常だった。

その晋太郎が亡くなった後、父親代わりを自任していた西村は、もし生きていたら、晋三がネオコン的体質から脱皮せずに、それが悲劇を招いたことを口惜しく思っただろう。

晋三とは3度「会った」ことがある。カッコをつけたのは最初の出会いが「会った」とは言えない形だったからである。私は日本信販の創業者の山田光成にかわいがられたが、その孫の結婚式で同席した。光成の息子の洋二が晋三と成蹊大で一緒で、かなり離れたテーブルに晋三は塩崎恭久と共にいた。私はメインテーブルで城山三郎の隣に座っていたが、塩崎は城山に挨拶に来て私とも名刺交換をしたのに晋三は来なかった。

ところが、西部邁に連れられて行ったバーで3度目に会った時、彼が「最初に会ったのは」と結婚式のことを言ったので驚いた。

2度目に会ったのは彼が首相を一度やめた時である。赤坂で岸井成格と私が食事をして通りに出てきたら、彼が荒井広幸と歩いていた。

先に店を出た岸井が「ヤア」と手を挙げて彼と話をしているところに私が顔を出したので、彼は挙げた手をそのまま止めた。

それで私が大人の対応をして名刺を出し、彼もぎごちない感じで応じた。岸井は『毎日新聞』で晋太郎の後輩でもあり、秘書時代の晋三とも親交がある。厳しく批判していた私との同伴に彼はとまどったようだった。

身の丈に合わないタカ派の服を着せられて、必要以上に背伸びした人と私は安倍を思ってもいる。

武村正義
連立政権のキーマンが逝った

2022年9月28日没
享年88

新党さきがけのトップとして、いくつかの連立政権のキーマンとなった武村が亡くなって、『朝日新聞』に出た評伝で、武村に「最も記憶に残る政治家は誰か」と尋ねた記者の吉田貴文に武村がこう答えたと書いてあった。

「あんな変わった人はおらん」として田中秀征を挙げたというのである。自治官僚の先輩で師事していた後藤田正晴と言うのかと思ったら、田中という返事だった。

それを読んで、私は田中と交わした「みちのくひとり旅」問答を思い出した。

田中も自民党を出て新自由クラブに参加したり、その政治経歴には曲折がある。

最初の当選前から私は田中を知っているが、それで田中に、

「武村さんと田中さんのコンビを見ていて、私が勝手に思っていることは、山本譲二の歌だということだね」

と語りかけた。田中は、

「なんだい、それ」

と笑ったので、私は、

「山本譲二の歌に〝俺にはお前が最後の女……〟というのがあるでしょう。そういう感じがする。2人の間にはいろいろなことがあったとしても、田中秀征にとって武村さんというのは、宮沢（喜一）さんや細川（護熙）さんと続いてきた中で、最後の女ならぬ男ではないかと……」

と続けた。また、変なことを言うなと苦笑しつつも田中はそれを次のように肯定した。

「自分でそういうふうに腹を固めているんだよね。今までと違うのは、僕が覆面じゃないからね。武村さんも、あっちついたりこっちついたりしているように見られるけど（笑）」

宮沢が「私の頭脳」と田中を称賛したとしても、確かにその時点では田中は「覆面」だった。

いつか田中から、細川、武村、田中は甘いものが好きな〝甘党連合〟だと聞いたことがあった。それを武村に話したら、

「秀征さんと僕は大福のような和菓子だけれど、細川さんは洋菓子なんだよね」

と微妙に訂正された。武村と細川の間に食い違いが目立ってきた頃である。

それはともかく、司馬遼太郎が滋賀県知事時代から期待していた武村について、田中は1995年の時点ではこう言っていた。

「本格的政界再編は数年かかるから、こんな液状化の流れの中になぜ飛び込んでいくのか、と言われるけれども、そういう決意のある人間にしかこの局面は切り開けないと思う。自分で納得できる道を、一歩一歩進む以外にないんだよね。武村さんは、総理になったらものすごくいい総理になると思うんだよね。ただ、まめな人だから、そこに上っていくまでにいろんな試行錯誤もあるだろうから、その悪い面だけをとらえて誤解されるようなことがあれば、気の毒だと思う」

ともあれ、〝ムーミンパパ〟とも〝バルカン政治家〟とも言われた武村が逝った。

浜四津敏子

公明党元国会議員の死はなぜ、2年もの間隠されたのか

2020年11月29日没 享年75

旧姓高橋の浜四津と私は慶大法学部法律学科の同期生だった。2年余り前に亡くなっていたのに遺族の意向で党側が発表を控えていたというのだが、何か秘密めいたものが臭う。

そんな浜四津と、一度だけ、盗聴法反対の集会で会った。1998年11月17日、場所は星陵会館だった。創価学会婦人部にカリスマ的人気のある彼女は、そこでナチスドイツにおいて秘密警察が取り締まりの対象を広げ、反戦平和や環境保護運動にまでその手をのばしたことなどを引いて、いったん盗聴や秘密警察的情報収集を導入すれば「その本来の目的を逸脱し、歯止めが利かなくなるのは、古今東西の歴史の事実が証明している」と強調した。

間然するところのない見事な批判だったが、しかし、浜四津はそれからまもなく、態度を変えた。修正案で対象犯罪に限定がかかったなどと変節の理由を述べたが、それは自らの発言を裏切るものでしかなかった。「盗聴という手段には歯止めが利かない」というの

は「修正」は利かないということだからである。反対集会に出て来なくなったのは、自民党と公明党が連立政権を組んだからだった。

1999年6月1日のテレビ朝日「ニュースステーション」では、

〽あなたはもう忘れたかしら

という「神田川」の歌い出しにかぶせて、浜四津のこの反対発言を放送した。そして私は、浜四津の発言には賞味期限があり、半年も経たずにそれは過ぎたのか、と皮肉ったのである。

あるいは彼女も公明党（創価学会）の無原則な方針転換に苦しかったのかもしれない。浜四津が1997年に出した『やっぱりひまわり』（鳳書院）を引きながら、私は『世界』の2006年11月号に「公明党の原理的滑落」を書いた。滑落とは、登山などの際、自らの足場を踏みはずして滑り落ちることである。公明党はまさに原理的に滑落してその存在理由を失った。

前掲書から浜四津の訴えを引こう。

「私は国連軍にせよ何にせよ、『軍』すなわち『軍隊』という考え方に対する根本的な発想の転換が必要だと思っている。核兵器の全面的な廃止と同じように、まず『軍隊』でなければならないという考えを捨てるべきだと思う。もっと言えば、世界中の国々から、本来は『軍隊』をなくすべきなのだと考えている。これまでは『平和のために戦争の準備をせよ』との発想であった。しかしこれからは、『平和のために平和の準備をしよう』という方向に転換したい」

詳しくは拙著『自民党と創価学会』(集英社新書)を参照してほしいが、この浜四津の考えに私は全面的に賛成である。しかし、軍備拡大の岸田政権にブレーキをかけることもなく容認してしまった現在の公明党と彼女の考えがまったく違うことは明らかだろう。浜四津の死を隠したのは、改めてそのギャップに焦点が合わされることを恐れたからではないか。

佐藤陽子

思い出すのは池田満寿夫ではなく、岡本行夫である

2022年7月19日没
享年72

世界的バイオリニストで声楽家の佐藤陽子が亡くなったのは7月19日だった。享年72。芸術家の池田満寿夫のパートナーとしても知られ、テレビやCMにも一緒に出演したと訃報にある。

しかし、私は外交官の岡本行夫と結婚していたことにまったく触れられていないのが不満だった。これは岡本が私と同い年で交友があったからでもあるのだろう。私にとって、佐藤陽子は岡本の前妻であるに過ぎない。

岡本も2020年4月24日に新型コロナウイルス感染症のために亡くなった。享年74。だから、今回の追悼譜は表向きは佐藤ながら、実質的には岡本のそれとなる。

五百旗頭真、伊藤元重、薬師寺克行編の『岡本行夫』（朝日新聞出版）が岡本から送られてきたのは2009年である。それより10年以上前に広島県の呉で開かれたシンポジウムで初めて会った時のことを思い出しながら、これを読み、岡本にすぐに礼状を出した。

最初はお互いにとても意見は合わないと思っていたのに、途中から意外に合うところもあるじゃないかと変わっていった。『毎日新聞』の岸井成格や、東洋経済新報社からTBSに移った生井俊重など共通の友人がいることもわかったからである。

「現場主義を貫いた外交官」である岡本の証言で、一番ウムと唸ったのは、外務省の北米一課長を「ミスが許されない官僚の職業の中で、だんだん自分は慎重主義に傾斜していました」として、辞める場面である。

私は人間を、話していて直《じき》に口をとがらすタイプと、とがらさないタイプに分けている。後者の典型が官僚で、このタイプは苦手なのだが、岡本は口をとがらす「異色官僚」だった。

とはいえ、もちろん、典型的護憲派の私には岡本に同意できないところも多々ある。しかし、いろいろとうなずかされる点もあった。

たとえば、日本の対米外交と対中国外交をバランスさせようとしていた時に、当時のアジア局長、谷野作太郎がこう言ったという。

「岡本、アメリカは中国とケンカしても1年で元の関係に戻れる。しかし、日本は中国とケンカしたら10年は元に戻れない。そのことはよく理解しておけよ」

驚いたのは大蔵省（現財務省）の役人ならぬ厄人ぶりである。

湾岸戦争の時、当時の海部（俊樹）首相は「1000万ドルをヨルダン難民救済に使う」と発表して、それが「思い切った協力」かと世界から叩かれたのだが、その陰で大蔵省はアメリカの財務省に「日本は10億ドル拠出すると伝えていた」とか。

それを外務省にはもちろん首相にも言わなかったのだが、岡本はその理由を、決定者は自分たちだぞとアメリカに印象づけたかったのだろうと推測している。

呆然としてしまう話だろう。岡本のように出世街道の先頭を走っていながら途中でやめる官僚はまったくと言っていいほどいない。

田勢康弘

政治記者は出版記念会に時の首相を招いて舞い上がった

2023年2月8日没
享年78

同郷、同学年ながら、私はその死を惜しむ気にはなれなかった。一時は親しかった田勢が時の首相を招いて大々的な出版記念会をやったので、私はあるコラムで次のように批判した。1999年のことである。

〈ふくれあがる違和感をもてあましながら、私はその場に立っていた。2月10日の夜に行われた田勢康弘の出版記念パーティの席である。日本経済新聞論説副主幹の田勢は政治記者として派閥の番記者の癒着ぶりを批判し、権力との距離をとることを主張してきたのではなかったか。

その席には首相の小渕恵三が何人かのSPを従えて、最初から最後まで1時間半もいた。無能な小渕は〝冠婚葬祭屋〟でしかないことを、この夜も証明していた。オブチはオブツだと断罪した私を、わざわざ見つけて寄って来ながら、彼は「批判する人も必要だから」と握手を求める。思わず応じてしまった私に、シンガーソングライターの小室等が、珍しく厳しい顔で「クレゾールで洗っても落ちないぞ」と叱った。
小室と井上陽水を田勢に紹介し、2人に乾杯の音頭などをとらせてしまった私は恥じ入ってうつむくしかない。小渕が来ることを知っていたら、もちろん2人は乾杯など引き受けなかっただろう。その前に出席しなかったに違いない。(中略)
自作を朗読するほど舞い上がったこの夜の田勢に、誰かが「俗物根性まるだし。しょせん、田舎者なんだね」と言った。
同じ山形出身の私としては、一言反論しようと思ったが、できずに唇を噛んだ〉
田勢は同じ頃に出した『島倉千代子という人生』(新潮文庫)に山形県米沢市出身の歌手、山形英夫のことを書いている。本名、新国英夫の山形は1932年生まれで、島倉より6歳上だという。
山形はNHK紅白歌合戦にも1回出ているが、私の叔父の斎藤久の弟子だった。芸名がさいとう久の叔父は私の母の妹の夫である。政治記者ながらカラオケ好きの田勢は島倉の人生を本にしたわけだが、そこでこんなことを書いている。
「山形の故郷山形県ではやはり島倉と吹き込んだ『新庄ばやし』が盆踊りで流れる。山形の名は山形県でもしだいに記憶している人が少なくなり、このごろでは島倉千代子と一緒にレコードを出した人として知られる程度になってしまった。この曲を作曲したさいとう久は、私の友人である評論家佐高信の義理の叔父である。島倉やひばりの編曲を数多く手がけた若草恵はさいとうの息子である」

若草は私にとっては少し年下の従弟の斎藤徹だが、私が田勢と距離を置いた後も、徹は歌の関係でつきあっていたらしい。何でも田勢はカラオケコンクールを主催していて、徹はボランティアでその審査委員長を務めていた。最初はテレビ東京で中継していたというが、自衛隊のバックアップもあったとか。

羽佐間重彰

バランスがとれていた人物だったが……

２０２３年６月19日没
享年95

　フジサンケイグループ代表で元産経新聞社社長だった羽佐間の「お別れの会」が２０２３年10月５日正午からオークラ東京で行われた。

　私も会ったことがあるが、羽佐間はバランスがとれた人だった。しかし、この人が追放され、日枝久が実権を握ったことによって、フジサンケイグループは大きく変質する。中川一徳他『フジテレビ凋落の全内幕』（宝島社）にこんな一節がある。

「信隆の死を挟んだ４年後の１９９２年、鹿内宏明を解任・追放するクーデターが産経新聞で勃発する。表向き、社長の羽佐間が反乱の主役を演じたが、黒幕はフジテレビの力を武器に決起をうながし続けた日枝だった」

　オーナー然とした鹿内信隆が女婿の宏明を後継者にしたことに反発して〝クーデター〟は起こったわけだが、人のいい羽佐間は日枝の盾にされたのである。

「目の上のタンコブだったニッポン放送を完全支配（子会社化）したことで、日枝を脅かす存在はグループ内からなくなった。唯一、産経新聞社長の住田良能が抵抗の動きを示したりしたが、2008年に多発性骨髄腫にかかり、5年後に死去したことで潰えた」と中川の記述は続く。住田は私とほぼ同年で慶應の同窓という縁もあり、親しかった。だから、住田生存中は私も『夕刊フジ』に西郷隆盛、福沢諭吉、原敬の評伝を連載したりした。安倍晋三べったりの日枝路線は『産経』および『夕刊フジ』に完全には及んでいなかったのである。

羽佐間と住田が手を結んで日枝に対抗していればと思わないでもないが、羽佐間も住田も権力争いを好む人物ではなかった。

そもそも私のデビューは『夕刊フジ』である。内橋克人の「匠の時代」の連載の後に、当時の同紙経済担当部長、島谷泰彦の企画で私の「実と虚のドラマ」の連載が始まった。いまから40年ほど前である。その後、『夕刊フジ』の日枝化が進行してから、同紙の記者からコメントを求める電話がかかってきた。

「サタカさんはウチなんか嫌いでしょうが」という前置きつきで萎縮している。かつて私が連載していたことは知らない様子だった。彼の不安をぬぐうように私は答えた。

「何を言ってるの、私のデビューは『フジ』なんだよ」

『夕刊フジ』は帰るところのない片道切符の人間たちで創刊された。社長の山路昭平、編集局長の馬見塚達雄、そして前記の島谷とサムライがそろっていた。だから、まったく無名の私がデビューできたのである。内橋との対談連載まで含めて、「ジーンズが背広にかわるとき」など私の連載も長期に及んだ。

しかし、現在の同紙にリベラルというか、反骨の連載を受け入れる余地はない。

羽佐間の死が最終的なピリオドなのだろう。

最近まで私は『日刊ゲンダイ』と『夕刊フジ』を購読してきたが、後者の政権応援があまりにひどいので、それをやめた。

田淵義久

野村證券より厚かましかったのが大蔵省だった

2023年11月8日没
享年91

私が監訳者となったアル・アレッツハウザー著『ザ・ハウス・オブ・ノムラ』（新潮社）は1991年夏に刊行されたが、その前の年の秋、証券取引所のある東京の兜町や大阪の北浜で、北島三郎の歌う「与作」の替え歌「のむら」が流行った。

のむらはシラを切る
ヘイヘイホーヘイヘイホー
相場は怖いよ
ヘイヘイホーヘイヘイホー
お客は損を切る
ヘイヘイホーヘイヘイホー

言うまでもなく「のむら」は野村證券を指すが、同じころ、都はるみの歌う「北の宿から」をもじって、次のような替え歌も歌われていた。

相場かわりはないですか
日ごと安さがつのります
戻してくれない株式を
涙ながらに持ってます
投資家ごころの未練でしょう
高値恋しいＮＴＴ

こうした相場の低迷に『ザ・ハウス・オブ・ノムラ』は拍車をかけたとして、監訳者の私は投資家や証券マンの怨みを買い、冗談まじりに、しかし、真顔で、

「当分、兜町は歩かないほうがいいよ」

と忠告された。「与作」の替え歌の「のむら」の話に戻れば、「シラを切」ったのは、野村をはじめとする証券会社だけではなかった。むしろ、より厚かましく大蔵省（現在の財

務省）が「シラを切」ったのである。

１９９１年６月27日に開かれた野村證券の株主総会で、当時社長だった田淵義久は株主からの質問に答え、大口顧客への損失補てんについて、こう答弁した。

「結論的に申し上げれば税の問題です。全部、大蔵省にお届けしているもので、ご承認も頂戴しています」

野村のやったことを私は「承認」しないが、田淵にしてみれば、なぜ自分たちだけが責められるのかという思いだったろう。

これに対して、当時の蔵相、橋本龍太郎は「行政に責任を転嫁することは、モラルを世間から問われることになる」と反論した。

しかし、〝共犯者〟である大蔵省が民間に「責任を転嫁」して逃げ切ったという印象は否めなかった。それどころか、一転して検事が裁判官のような顔をして野村らを責めたので、田淵は「それはないぜ」と居直ったのである。大蔵省は〝野村證券霞ガ関出張所〟と呼ばれるほど、野村と一体化していたが、田淵は本当のことを言ってしまったのだ。

久米是志

創業者・本田宗一郎との大論争はホンダそのものだった

2022年9月11日没　享年90

本田技研で河島喜好から久米へ社長がバトンタッチされる時、創業者の本田宗一郎は社員に向かって、こう演説した。

「ホンダの社長は代々くだらんやつばっかりだったから、あんた方がしっかりしなきゃどうしようもない。オレもくだらなければ、オレが後継者に選んだ河島もくだらなかった。くだらない河島だから、くだらない久米しか社長に選べなかった。したがって、みんなにしっかりやってもらわなきゃ困る。ホンダは社長が偉くて引っ張るんじゃなくて、みんなが引っ張っていくのだから、よろしく頼む」

これには「いいぞーッ」と野次がとび、退任する河島は「おニイちゃん、ご苦労さん。こっちに来いよ」と言われて壇上から降ろされ、社員の手でワッショイワッショイと胴上げされたという。本田はオヤジ、本田のパートナーで副社長だった藤沢武夫はオジキ、河島はおニイさんと呼ばれていたが、そんな開放的雰囲気は「会社を1つの考え方でまとめてはいけない」という本田の持論から生まれた。それは自らをも否定するような激しいものだった。

本田が社長の時、エンジンを水冷にするか空冷にするかの大論争があった。本田は「砂漠の真ん中でエンストした時、水なんかあるか」と言って空冷を主張した。

しかし、「それでは公害のないエンジンは開発できない」と、公害規制をクリアする面からも水冷でなければならないと考えたのが、当時の若手技術者の久米や川本信彦だった。

血の気が多い本田は、手が早くて、よく久米や川本をスパナで殴ったといわれたが、それほどのワンマンだから、もちろん本田も自説を曲げない。

わからず屋のオヤジ（本田）に頭にきた久米は辞表を出して四国巡礼に出かけたという話もある。

この大論争は、藤沢が間に立ってまとめ、結局、エンジンは水冷にすることになった。この時、空冷にしていたら、いまの本田技研はなかっただろうとも言われる。

それほどの大きな分岐点だったのだが、その後、本田とぶつかった久米、川本が社長になるのである。

本田はこの一件で「自分には技術がわからなくなったのかもしれない」と思い、退任する。会長にもならずにスパッと退いて、以後、出社しなかった。本当は会社に出たくてしょうがないけれども、行けば口を出してしまう。それで、東京の八重洲ブックセンターの近くに小さな事務所を構えて、ひたすら絵を描いていた。

久米には一度インタビューしたことがある。当時、私は清瀬に住んでいて、定期券と一緒になった名刺入れから名刺を出したのだろう。

何気なく久米はそれを見ていたのに違いない。「私も清瀬に住んでいたことがありますよ」と言われて、小さなことにもよく気がつく人だなと思った。

田沼武能

初の文化勲章をもらった写真家に流した冷や汗

2022年6月1日没
享年93

たった一度の出会いが忘れられないものとなった。

2003年10月1日、私は郷里の酒田市にある土門拳記念館の開館20周年で講演をした。そこに日本写真家協会会長だった田沼も来ていて、初対面のあいさつをし、談笑しながら開会を待った。

土門と同郷の私に講演の依頼が来たのは、その年の7月発行で『逆白波のひと・土門拳の生涯』（小学館）を出していたからだろう。土門の写真が中心で、私は土門の小伝を書いただけだった。

そこに私は「土門を同郷の先輩として誇りに思うが、ただ1つ残念なのは勲四等旭日小綬章を受章したことである」と書いた。

「なぜに勲章を、しかも勲四等などもらってしまったのか。日本の勲章は政治家、官僚、そして民間人との順に差がある。どんな愚物でも、首相などをやっていれば勲一等を受章する。中曽根康弘など大勲位である」

こう続けて、次のように結んだ。

「いささか刺激的に言えば、勲章はもらった人より拒否した人の方に魅力的な人物がいるのである。土門こそ拒否してほしかった。その思想を考えるなら、まさに拒否する方がふさわしかったのではないか。長い病床生活で、後年は自分の意思を表すのが難しかったというから、おそらく受章は土門の本意ではなかったのだろう」

それにしても、〝世界の土門〟に勲四等である。文化を知らないにもほどがあると言わなければならない。

田沼が最前列で聴いている講演でも、そう力説した。

その講演が終わったら、『アサヒカメラ』の編集長となった岩田一平が飛んで来た。岩田とは、彼が『週刊朝日』にいた時からの知り合いである。

いつもは穏やかな岩田が、ちょっと血相変えてという感じで、

「佐高さん、田沼さんが去年、勲三等をもらったのは知っていましたか」

と尋ねる。知るわけがない。知っていたら、もう少し遠まわしな言い方をしただろう。

これは知らぬ顔の半兵衛を決めこむしかないと、その後の祝賀会の宴席で隣になった田

沼と当たりさわりのない話をした。

当時、私は58歳で田沼は70代半ば。心の中はわからないが、田沼が勲章の話を気にしている様子はなかった。あるいは、そういう素振りを見せないようにしたのかもしれない。私はやはり冷や汗が流れたのを覚えている。

土門のライバルは木村伊兵衛で、田沼は木村の弟子なのに、ある縁から知り合って、木村はもちろん、土門にもかわいがられることになったという。そのわけを『朝日新聞』の勝又ひろしは「田沼さんの下町育ちの率直さと、誠実な人柄ゆえ」と書いている。田沼は、写真の分野では初の文化勲章受章者でもあった。

佐野眞一

〝中内㓛に似てしまった〟作家を主流扱いしてはならない

2022年9月26日没
享年75

1992年に出した拙著『現代を読む　100冊のノンフィクション』（岩波新書）には佐野の『業界紙諸君！』を挙げ、こう書いた。

〈「セプテンバー・セックス」という老人たちの性を扱ったレポートを含む『性の王国』（文春文庫）や、新聞の広告から現代のニッポンをのぞいた『紙の中の黙示録』（文藝春秋）など、意表を衝くノンフィクションをものしている佐野眞一の作品で、私が最も好きなのは『業界紙諸君！』（中央公論社）である。その業界についてはだれよりもよく知っていながら、業界からの広告によって経営が成り立っているので、すべてを書けるわけではない宿命を業界紙記者は負っている〉

以下略とするが、2021年に出した『時代を撃つノンフィクション100』（岩波新書）には佐野の作品は入れなかった。

私には〝大家〟になってからの佐野の作品は精彩を欠いているように思えたからである。

業界紙のタブーを知りながら、それに挑む者たちがタブーの正体を明かすところを描く場面には魅力があったが、表舞台の主役たちをクローズアップしようとする佐野には不自然な力みだけが目立った。

それで『噂の眞相』の1998年10月で次のように批判した。

〈佐野は「中内㓛とダイエーの『戦後』」を書いた『カリスマ』で、私が中内を、かつては流通革命を主張して、息子に後を継がせたりはしないと言っていたのに変節したと断罪したことを捉え、「私は佐高がいうように、中内がそんなにわかりやすい形で〝変節〟したとは思わない。中内ダイエーの現在の混迷を、中内の〝変節〟によるものとしかとらえられない佐高の、いかにも大衆受けしそうな理解を、むしろ浅薄なものだと私は考えている」などとゴタクを並べている。ならば佐野に皮肉っぽく尋ねるが、猪瀬直樹あたりに突っつかれる佐野の盗作騒ぎ（それも一度ではない）は、「大衆受け」をねらったものなのか、そうではないのか〉

佐野の「自分だけがわかっている」という書き方に「釈然としない読後感」を残したのは私だけではなかった。前掲の『噂の眞相』の同じ号で中森明夫が指摘している。

〈どうやら佐野は、中内に肉薄しすぎて中内に似てしまった。それが証拠に田中康夫を

「甘ったれ」、佐高信を「浅薄」と斬り捨て、あたかも自分以外の中内批判は認めんゾと言わんばかりの驕慢さはどうだろう（佐野の同書こそ充分に「浅薄」で「甘ったれ」であるがゆえに面白いというのに）。決して西友もイトーヨーカ堂も認めない中内㓛ソックリではないか。こんなダイエー的ノンフィクション商品が今、書店の店頭で大安売りされている。「驕れる者は久しからず」という帯文が、そのままこの本の著者自身の自戒とならんことを〉

各紙の追悼文を見ながら、佐野をノンフィクションの主流扱いしてはならないと思った。

布川ゆうじ

「うる星やつら」を手がけたアニメーターの故郷への想い

2022年12月25日没
享年75

カメラマンの山岸伸、高校以来の友人で、知る人ぞ知るベルウッドレコードの伝説のプロデューサーの三浦光紀、アニメーション業界のパイオニアの布川、そして私が会食したのは2021年の7月19日だった。いずれも山形県の港町、酒田ゆかりの人間で、〝酒田会〟とも言うべき集まりだった。布川は私より2歳下だが、それから半年も経たずに私たちは布川の訃報に接することになる。三浦の紹介で布川に最初に会ったのは2021年の春である。場所は酒田から東京の三鷹に進出したラーメン店「満月」。

「酒田出身の私としては酒田の美しい景色、豊かな食材、酒田人の気質が表現されたアニメの企画を実現するのが夢」と言う布川と、故郷の味のラーメンを食べながら語り合った。

その時渡されたのが彼の『クリィミーマミはなぜステッキで変身するのか?』(日経BP社)だった。

アニメに暗い私は、彼がつくった「ぴえろ」という会社が『うる星やつら』に関わったと言われても、あまりピンと来なかったが、社名にピエロとつけるセンスには共感した。

自伝めいたこの本に「ギャグ漫画の巨匠」赤塚不二夫に会った時のことが出てくる。「憧れの人」である赤塚はボロボロのビルにあるフジオ・プロダクションの近くの焼き肉屋にいた。まだ、午後2時ぐらいだったのに、ベロベロの状態で盛り上がっている。

おそるおそる、「おそ松くんのアニメ化をぴえろでやらせてください」と言うと、「いいよ、早くやろうよ」という返事。

布川は「この業界は奇人変人が多い」と書いているが、その横綱のような赤塚に会ったのだから、以後、それほど驚くことはなかっただろう。

この本の第12章は「ブタもおだてりゃ社長になる!?」。そこに酒田が出てくる。

「子供のころから絵を描くことと芝居が大好きで、映画は物心ついた時からよく見ていました。実家は紳士服の仕立屋で、その近くに『グリーンハウス』という映画館があったんです。映画評論家の故・淀川長治さんが『世界一素晴らしい』と絶賛した映画館です。新作が上映されるたびにそこに観に行っていました」

どう「世界一」なのか？

岡田芳郎著『世界一の映画館と日本一のフランス料理店を山形県酒田につくった男はな

ぜ忘れ去られたのか』（講談社文庫）という本がある。その男とは造り酒屋の息子の佐藤久一で、採算を度外視して「グリーンハウス」と「ル・ポットフー」をつくった。後者の味は開高健や古今亭志ん朝が折り紙をつけた。

それはともかく、俳優の成田三樹夫や歌手の岸洋子も「グリーンハウス」で映画を見て育ったのである。

布川は当たりもやわらかくて、これからも会いたいと思ったが、藍綬褒章受章だけはいただけないと注文をつけた覚えがある。

上岡龍太郎

桂米朝と共通する「品のある笑い」

2023年5月19日没
享年81

テレビ番組で一度同席しているはずなのである。しかし、それがどんな企画でだったのか思い出せない。言葉をかわしたのかも覚えていないが、静かで品のある印象だった。父親が人権派の弁護士だったという。わが師の久野収から、反戦運動を一緒にやったと聞いたような気もする。

是非どこかで対談をと思いながら、2000年に引退されて、それはかなわなかった。その後はほとんど公の席に顔を見せなかったらしいが、桂米朝の葬儀には出たという。それを知って、さもありなんと思った。品のある笑いに共通性がある。上岡もおさらいしている場面は見せなかったというが、しかし、稽古していなかったわけではない。

師弟物語を『夕刊フジ』に連載していた時、弟子の桂枝雀と米朝にそれぞれインタビューした。実にゼイタクな時間だった。

米朝はその著『落語と私』（ポプラ社、のちに文春文庫）を、自分の師匠の桂米団治から言われた次の言葉で結んでいる。

「芸人は、米一粒、釘一本もようつくらんくせに、酒が良《え》えの悪いのと言うて、好きな芸をやって一生を送るもんやさかいに、むさぼってはいかん。ねうちは世間がきめてくれる。ただ一生懸命に芸をみがく以外に、世間へおかえしの途はない。また芸人になった以上、末路哀れは覚悟の前やで」

上岡が早々にスパッと58歳でやめたその身の振り方には、この言葉も影響していたのではないか。

「芸は一流、人気は二流、ギャラは三流、恵まれない天才」と自らを称していた上岡は弟子のぜんじろうに「長いものには巻かれるな。大樹の陰には寄り付くな!」と言っていたという。

フランスの作家ラブレーは「すべての道化は戦争を否定する。戦争とはこわばりであり、道化とはすべてのこわばりの敵であるからだ」と喝破しているが、私は上岡とそうした道化論を語りたかった。

あるいは、飯沢匡の『武器としての笑い』(岩波新書)について、どう思うかを。

シェイクスピアと近松門左衛門を同時代人として比較する人がいるが、シェイクスピアは多くの喜劇を書いたのに、近松は書いていないし、近松の書いた義理と人情は人間性の解放から程遠いと飯沢は指摘している。

さらに、「笑いは下剋上の本質を持っている」として、こう続けているのである。

「儒教もユーモアのない道徳律であって、孔子の伝記を読むと、斉の景公のところで喜劇役者を斬り殺している。笑いにとって孔子は大きな敵なのである。論語を読んでもユーモアはどこにもないところ、キリストの聖書とよく似ている」

これらのことを上岡はわかっていた。とすれば『週刊新潮』の6月15日号で百田尚樹などが追悼の弁を語っていい人物ではない。それは上岡への冒瀆である。

PANTA

「頭脳警察」のロックシンガーは「人なつっこい孤高」だった

2023年7月7日没
享年73

フォーク・シンガーの中川五郎は「サタカさん、反戦集会などで会っているはずですよ」と言うが、ロック・シンガーのPANTAと言葉を交わした記憶はない。

フォークとロックの垣根を越えてPANTAと親しかった中川は、彼を「闘士のように見られがちだけど気遣いの人でしたね」となつかしむ。

それはパンクロックからスタートした雨宮処凛が、新右翼の鈴木邦男、元赤軍派議長の塩見孝也などと一緒にイラクに行って以来、すっかりなついてしまったことからも明らかだろう。雨宮はPANTAを「全身の毛穴から包容力があふれでている人」と形容している。彼女と彼の共通の〝趣味〟に塩見孝也があったらしい。塩見の話になると、PANTAは少年のように目をキラキラさせて身を乗り出してきたとか。

ならば、私もいくつかの塩見ネタを披露したのにと残念に思った。

塩見の住んでいた清瀬に私も一時いたことがある。共に自転車に乗って駅前の通りなどでスレ違った。

するとと彼が甲高い声で叫ぶのである。

「サタカさん、革命の話をしよう」

あれには閉口したが、多分、ＰＡＮＴＡも革命の話は嫌いではないに違いない。

こんな話にもＰＡＮＴＡは喜んだのではないか。１９９３年の秋、河合塾主催の「左右激突討論会」で私は初めて塩見に会った。その時の参加者は塩見と私の他に鈴木邦男である。

その時、塩見が『坂口弘歌稿』（朝日新聞社）を持っていて、「何の本？」と尋ねたら、「よければ」と言って差し出したのである。そして、こう付け加えた。

「あの中にいると、みんな詩人になるんですよ」

あの中とは言うまでもなく獄の中であり、塩見とＰＡＮＴＡは詩人として共鳴し合ったとも言えるかもしれない。同じく天然だけれども、塩見には超がついた。

イラクから帰ってＰＡＮＴＡが作ったのが「七月のムスターファ」だった。ムスターファとは、サダム・フセインの孫の14歳の少年で最後までアメリカと戦って銃殺された。

ＰＡＮＴＡに福島の農民詩人、草野比佐男のことを話したかったなとも思う。草野は

「アメリカが戦争の愚を悟るまでイラクたたかへフセイン死ぬな」という歌をつくった。

ＰＡＮＴＡのバンド「頭脳警察」もしびれる名である。ロックに不案内の私には、その名が何に由来するのかに興味はない。ただ、頭脳を支配したい権力の存在はますます肥大化している。それに憤慨してＰＡＮＴＡは亡くなったのではないか。

ＰＡＮＴＡは酒が飲めなかったというが、シラフでこの国で生きるのは大変だっただろう。「孤高のＰＡＮＴＡ」とも呼ばれたらしいが、人なつっこい孤高である。

山田太一

骨っぽさは『岸辺のアルバム』より前の『藍より青く』に見えた

2023年11月29日没
享年89

『読売新聞』と私の〝蜜月時代〟があった。特に出版局との関係においてだが、『週刊読売』に3年間も時評を連載し、それは単行本として刊行された。その過程で私の監修、解説で「戦後ニッポンを読む」というシリーズが出た。藤島泰輔の『孤獨の人』や早坂暁の『夢千代日記』といった名作の復刊である。その一環として私は山田の『藍より青く』を選んで、こんな解説を書いた。１９９７年刊である。

これはそれより25年ほど前のＮＨＫの朝のテレビ小説だが、山田はインタビューに答えてこう語っている。

「朝のテレビ小説だから、視聴者を30代後半から40代にかけての主婦にしぼったんです。そういう人たちの共感を得るには、特別めざましい生き方をした女じゃダメだし、特別の才能がある女でもダメだと考えた。そうしたら、自然に、戦争未亡人という像が浮かんできた」

山田は『街への挨拶』（中公文庫）というエッセイ集の中で「青臭さを怖れてやたらに辛《か》らがっている人種にうんざりしている」と書いている。ことさら「異端」を装いたくないとも述懐しているが、こうした山田の姿勢に私は共感する。

『藍より青く』のヒットは「平凡な片すみの人生の、非凡さ、素晴らしさ、尊さを描いてみたい」という山田のある種の頑固な決意から生まれた。

九州は天草南端の遠見浦で、18歳の田宮真紀と20歳の村上周一が恋に落ちる。戦争という「非常時」でなかったら、それは祝福されるはずだったが、周一はまもなく兵隊となって戦争へ行く身だった。

当時の空気をそのままに、息子の召集を名誉なことと考える母親に、父親が突っかかる。

「お前のごたる、息子ン戦争さン行くとば喜んどる母親が何処ェおるか」

それに対して母親は、

「日本が、いま、どぎゃん戦さばしとるか、知っとるでしゅうが。そぎゃんとき、母親だけん言うて、たーだ息子ば戦争にやるのば惜しんでる悲しか言うとったら、日本の軍隊はどぎゃん事になっとですか」

と反論するのだが、父親は

「ヘッ。新聞の言うごたる」

と皮肉る。ともあれ、２人は結ばれ、半年ほどの新婚生活で出征した周一は、翌年の夏、南太平洋で戦死した。

１９４５年8月15日に戦争は終わったが、被害者にとっても加害者にとっても、そこで人生は終わらなかった。そこから、それまで「死」を美徳として生きて来た人たちに、想像もつかないような「生」が始まったのである。

『岸辺のアルバム』より前のこの作品は、一見穏やかに見える山田の骨っぽさを示して余りある。私は雑誌の編集者時代に知り合って、ずいぶん励まされた。山田の人気ドラマ『ふぞろいの林檎たちⅡ』（新潮文庫）の解説を頼まれたのは私の自慢である。

富岡多恵子

詩人は安易に「女性」に逃げこまなかった

2023年4月8日没
享年87

　この本の前半で世界的バイオリニストで声楽家の佐藤陽子を取り上げた時、池田満寿夫のパートナーだった佐藤を私は「外交官だった岡本行夫の前妻に過ぎない」と書いた。池田のことばかり触れられて、私と同い年で交友もあった岡本のオの字も出てこないことに反発してのことだったが、その佐藤の前に池田のパートナーだったのが、富岡である。

　大阪女子大時代から、短歌を奴隷の韻律と批判した詩人の小野十三郎に師事していた。そして詩を書き始めて、画家の池田を紹介され、上京してから同棲する。当時、池田には11歳上の妻がいた。

　元教師で〝聖職〟に反するような行為をした富岡に私は親近感を抱いていたが、10歳上の彼女に私はどこかで会っている。しかし、それがどんな状況でだったかは思い出せない。詩にしろ小説にしろ、私はあまり彼女のいい読者ではなかった。

　ただ、「追悼特集」の載った『群像』の2023年6月号を買い求めるほどには気になる存在だったのである。そこでは伊藤比呂美や上野千鶴子が追悼文を書いている。上野の表題は「戦後最大の女性ニヒリスト」。

上野と小倉千加子、そして富岡の共著に『男流文学論』（ちくま文庫）がある。

上野によれば、吉本隆明がうかつに「女流」という言葉を使ったという。それを上野は「死語となる言葉」だとし、「女流文学」があるなら、オマエたちはせいぜい「男流文学」に過ぎないと石つぶてを投げた。

著名な「男流」作家の作品を「おもしろくない」と言うと、「おまえは文学がわかっていない」と言われた時代だった。

もちろん、富岡は安易に「女性」に逃げこまない。フェミニズムの女性本質主義への批判として、「性差別からの真の解放は、女であればそのことが即ち『平和』側にいるというような素朴平和主義が許されなくなることである」と指摘している。

追悼の中で一番わかりやすかったのが安藤礼二の「富岡さんの釋迢空」だった。

迢空こと折口信夫の研究者として安藤は『釋迢空ノート』（岩波書店）をまとめた富岡と会うことになる。彼女は「限りなく優しかった」という。

折口に自らを重ねるように富岡は安藤に語った。男たちが築き上げる学問と表現の世界で折口は三重の苦を生きなければならなかったはずだ、と。

東京に対する大阪、官学に対する私学、家族に対する独身者。女性を排除するホモソーシャルな世界で、ホモセクシュアルを生きる折口もまた激しい排除に見舞われたに違いないのである。

「葛の花踏みしだかれて、色あたらし。この山道を行きし人あり」という釋迢空の歌も、富岡の解説を経ると、さらに違って見えてくる。会いたかったとも思うが、会わなくてよかったのかもしれないとも思う〝女流〟である。

伊集院静

甘利明に傾倒した作家を夏目雅子はどう思うのだろうか

2023年11月24日没
享年73

作家の髙樹のぶ子と対談した時、髙樹の出身地の山口県防府市は種田山頭火の生まれた所だねと水を向けたら、山頭火は高校の先輩だと言われた。同じ防府高校の後輩が伊集院である。笑いながら、

「誰がいちばんまともですかね」

と尋ねると、彼女もニヤリとして、

「今となっては、山頭火じゃないですかね」

と答えた。

伊集院は〝最後の無頼派〟などとも言われたが、無頼派では小説は書けないという。

「だから小説を書くときは酒もいっさい飲みませんし、読者に姿勢を正して読ませようとすると、書いている者も姿勢を正さないと駄目ですね。小説を書くということは、小刀では駄目で、刃は研いでなくてもいいから、なたのようなもので振り下ろすような作業です。

だから振り上げるときには力が必要ですよね」

こういう覚悟から伊集院の作品は生まれた。

対談もし、「姫」のママで作家の山口洋子の「お別れの会」で話したりして親近感を持っていた彼に裏切られたような気がしたのは、甘利明に傾倒しているということだった。あるいは病気で倒れた後、判断力が大幅に狂ったのかもしれない。

それで私は『創』の2022年1月号の「タレント文化人筆刀両断！」で伊集院を取り上げ、「ヤキがまわったと言わざるをえない」と断罪した。

彼は2021年10月16日号の『週刊現代』で、次のようなボケたことを書いたからである。

小選挙区で落選して甘利が自民党幹事長をやめる前だったが、甘利が幹事長になったことを「こころ強い」とし、甘利は「何より優秀」だという。オイオイ、どうかしちゃったのかと言いたくなるだろう。

「私は今でも政治で解せぬことが起こると、彼に理由を訊く。明晰である上に、解りやすい。そこいらの政治家が束になってもかなわない」

私は読んで呆然となった。甘利は嬉しかったろうが、伊集院は甘利程度の男だったのかとガッカリした。

安倍晋三、麻生太郎、そして甘利を並べて3Aという言い方があったが、亀井静香は3Aを〝スリーアホ〟と斬って捨てた。

大臣室でカネを受け取り、捕まりそうになるや〝睡眠障害〟とか言って病院に逃げ込んだ甘利が、どうして「明晰である上に、解りやすい」政治家なのか。「そこいらの政治家が束になってもかなわない」のは、ただ、厚かましさと図々しさだけだろう。

例の検事総長になりそこねた自民党の番犬、黒川弘務が動いて、東京地検特捜部は甘利を不起訴にしたと言われるが、そんな甘利をベタボメするのだから、伊集院のアタマはよほど不明晰になったと言わざるをえない。

夏目雅子や篠ひろ子など、妻となった女優たちはそれをどう思っているのだろうか。

桂ざこば

師匠の子どもの足を折った落語家に抱いた親近感

2024年6月12日没
享年76

　あれはゼイタクな取材だった。現在は『新師弟物語』（岩波現代文庫）として読める「ドキュメント師弟」の連載を『夕刊フジ』でしていた1984年夏、新宿京王プラザホテルで桂米朝と枝雀に会った。「米朝枝雀親子会」の始まる前に控室で個別に話を聞いたのである。私はどちらかと言うと枝雀が苦手だった。弟子のざこば（当時は桂朝丸）の方に親近感があったが、人気絶頂の枝雀をおいて朝丸を取り上げるわけにもいかない。しかし、枝雀と朝丸には不思議なほどに共通点がある。早くに父親を亡くしていることと、落語家になってからウツ病にかかっていることである。

　枝雀は後にこれを〝死ぬのがこわい病〟と名づけたが、それは〝高座がこわい病〟を併発していた。

　その時、師匠の米朝は枝雀にこう言ったという。

「残念ながら、自分はそういう病気になった経験がないので、それについて何のアドバイスもできんのが悲しい」

朝丸の時も米朝は同じ思いを抱いたのだろう。

枝雀が内弟子に入った時、米朝の家には長男の下に、生まれてまもない双生児がいた。そのお守りをするのが弟子の役目で、枝雀は彼らを乳母車に乗せ、落語のネタを繰りながら、よく散歩をした。しかし、ネタを繰っている間に、完全にその世界に没入していく。いつかは、地下鉄の駅を3つも通り越して、それから帰って来た。赤ん坊のおしめはズクズク。彼らは泣き疲れて声も出ない。

「信号はどうしたんや」と米朝が聞くと、「信号ねぇ」と枝雀も首をかしげている。

時には枝雀は、警察官と結婚していた姉のところへその双子を連れて行ったが、「お前みたいな者に子どもを預けて、師匠の奥さん、肝が太いねえ。気ィつけや」と姉は感心しつつも心配していた。

その後、大学を出て教師になった双子の1人の渉は、無意識のうちに枝雀に殴られて鼻血を出していたこともある。乳母車を止めると、赤ん坊は泣く。落語のネタを繰って、その中の人間になりきっている枝雀は、うるさいからハタく。かわいそうに赤ん坊は、その血を鼻筋にこびりつかせて眠っていた。

「もう1人の透は、朝丸に足を折られましたしねえ。ウチの子どもたちは災難ですわ」昂ぶることもなく、米朝はこう語った。もちろん枝雀も朝丸もわざとやったのではない。枝雀と朝丸は8歳違い。朝丸にとって米朝と枝雀は実の父親と兄以上の存在だった。米朝の長男、明が小米朝と名乗る落語家になったのは朝丸のせいである。明は朝丸に客にさせられて落語を聞かされたのだ。

関西学院大学2年の時、父親の前に正座して落語家になりたいと言った明に、米朝は不意をつかれた感じで驚いた。渋る米朝を口説いて枝雀と朝丸がその夢を叶えさせた。

私は後年、やしきたかじんの「そこまで言って委員会」で朝丸ことざこばに会った。腹に何もない彼のズバズバを私はさわやかに聞いた。

目黒考二——目黒考二こと北上次郎こと藤代三郎

2023年1月19日没
享年76

会ったことはあるけれども、ほとんど話さなかったのが残念なのが目黒考二である。これが本名で、北上はミステリー評論家、藤代は競馬評論家としての筆名だった。藤代は私にはなじみがないが、この名前が一番知られているらしい。

私は目黒の『笹塚日記』(本の雑誌社)を愛読していた。4冊あるが、2000年刊行の第1巻にこんな箇所がある。1999年3月14日の日付の記述である。NHKの「週刊ブックレビュー」という番組の公開録画で熊本に行った時のことである。

「昼に到着したものの、我々の出番は3時20分なので、ずいぶん時間がある。その間、控室でただ待つ。公開録画の前にSさんの講演があり、控室のテレビで聞いていると、うまいのなんの。思わず、聞きほれてしまった。プロの芸とはこういうものだと納得。公開録画はあっという間に終了。急いで車で熊本空港へ。空港内の売店でお土産を買ってから機乗。飛行機の中ではただ眠るのみ。文庫本2冊と、新書1冊を持っていったのに、結局2

日間で1冊も読めず。旅の読書はいつもこうなる」

引用してから書くのもいささかならずためらうが、「Sさん」は私なのである。しかし、彼は私にそんな感想を言ったわけではなく、『日記』を読んで驚いた。書評家としては辛口らしい彼にほめられて悪い気はしない。

目黒は椎名誠と共に『本の雑誌』を創刊したことで知られる。先日、椎名に会って、カミムラ晋作の漫画『黒と誠』（双葉社）を渡された。副題が「本の雑誌を創った男たち」。それによると、目黒は椎名が編集長をしていた業界誌『ストアーズレポート』に入りたいと言って面接に来た。前の会社を3日で辞めたのは「本が読めない」からだった。SF談義で盛り上がり、椎名は上を説得して目黒を入社させる。ところが、やはり3日目に辞めたいという。仕事を始めると、こんなことをしている間に何冊本が読めるだろうと思ってしまうのだった。2歳下のそんな目黒にまだ26歳の椎名は「1年間だけ、おれに体をあずけてくれないか」という。それからの話は『黒と誠』に譲りたいが、やはり変わった男ではある。椎名とは変わり者同士で気が合ったのかもしれない。『本の雑誌』は社長が目黒で編集長が椎名だったが、椎名は目黒に自分を呼び捨てにしろと言った。対等で言い合うためだろう。

目黒は「本の雑誌社」に月曜の昼に出社し、そのまま会社に泊まり込んで仕事をし、土日は競馬場で過ごして、日曜の夕方に帰宅する。

2人の息子たちに、いつの日か手に取ってほしいと思って2020年に出した『息子たちよ』（北上次郎、早川書房）に、日曜の午後7時から寝る12時までの「5時間の父親」であったと書いている。椎名と一緒にでも、ゆっくり話したかったなあ。

第3章　会えなかった人

木滑良久

『ポパイ』『ブルータス』初代編集長に想う〝軟派〟と〝硬派〟

2023年7月13日没
享年93

1967年冬、直木賞を受賞した五木寛之は、当時住んでいた金沢で記者会見をし、「ぼくは、直木賞をもらったら、第1回目の週刊誌連載は『平凡パンチ』でやりたい、とずっと考えていたんです」

と発言した。

それに応じて五木に『青年は荒野をめざす』の連載を頼んだのが同誌の編集長だった木滑である。

やはり同誌にいた椎根和《やまと》の『平凡パンチの三島由紀夫』（新潮文庫）によれば、「五木の小説は、〝かっこよく〟世界を放浪する若者を生んだ。それ以前の、世界を〝ドロくさく〟放浪した若者は小田実の『何でも見てやろう』に影響されていた」

右手に『平凡パンチ』、左手に『朝日ジャーナル』なども言われたが、ライバルが『週刊プレイボーイ』の『パンチ』は思想よりもスタイルを重視した。いや、思想とともにスタイルを重視したのである。

『平凡パンチ』の創刊編集長は清水達夫だったが、４年目から木滑がそれを引き継ぐ。『パンチ』の前は『週刊平凡』の編集長で石原裕次郎と長嶋茂雄をがっちりとつかみ、芸能界の〝若頭〟と言われていたとか。

『パンチ』の編集部員には「外国旅行のツアーコンダクターをやめたばかりの石川次郎、早大探検部出身の鈴木正昭（のちの直木賞作家、西木正明）」などがいた。

硬派の人間からは敬遠される軟派雑誌で、女性の裸の写真も載っていた。

私は先日、『サンデー毎日』に五木寛之論を書いたが、こんなエピソードがある。

哲学者の久野収が『朝日新聞』の「論壇時評」を担当していた時、五木もサブ・カルチャー面のアシスタントとして参加した。

ある時、五木が『平凡パンチ』に出ていた話をして、それを久野が書き、

「久野収が『平凡パンチ』なんか読んでるのか」

と驚かれたという。

木滑は立教大学の学生時代から平凡出版（現マガジンハウス）でアルバイトをし、そのまま入社した。『パンチ』の後も『ポパイ』や『ブルータス』を編集し、女性誌の『Ｈａ ｎａｋｏ』も手がけた。

平凡出版を創業したのは岩堀喜之助だが、岩堀と久野がＮＨＫの座談会で一緒になったことがあった。帰りの車を断った久野が電車に乗ったら、岩堀も乗って来た。

「忙しいのに、どうして車で帰らないんですか」

と久野が尋ねると、久野と同い年の岩堀は、

「久野さん、ぼくたちのように大衆と等身大の立場で、大衆の目線で編集している編集者は車に乗っていたらダメなんです。始終乗っていると、つい読者大衆を見下ろす結果になり、等身大の立場を忘れるんです」

と答えた。

そんな岩堀の薫陶を受けて木滑は社長もつとめた。それは得手ではなかっただろう。

亀井俊介

『マリリン・モンロー』を書いた東大教授に影響を与えた師匠

2023年8月18日没　享年91

1987年夏、岩波新書で『マリリン・モンロー』が出た。筆者は亀井である。東大教授が世界のセックス・シンボルについて書いたというので話題になった。それもおカタイ岩波からの刊行である。

「マリリン・モンローが死んだとき、私はパリにいた」とその本は書き出されているが、1962年8月4日にモンローが亡くなった時、亀井は29歳でアメリカ留学を終えてパリに旅行中だった。『フランス・ソワール』という夕刊紙を何気なく手にしたら、1面と2面のすべてを使ってモンローの死を報じていた。

亀井はモンローの熱烈なファンではなかったが、何となく好きだったという。モンローはジョン・F・ケネディおよびロバート・ケネディのケネディ兄弟とも関係があったと噂されたが、ジョンは彼女の死のおよそ1年後の1963年11月22日に暗殺された。

『七年目の浮気』『バス停留所』『帰らざる河』『ナイアガラ』など、彼女が登場して評判となった映画も多い。

亀井には他に『ニューヨーク』や『サーカスが来た！』などの著書もある。俗っぽいと非難されそうなこうした本を東大教授の彼が書く背景には師の中野好夫の影響があった。

東大教授を途中でやめて翻訳や評伝の執筆で身を立てた中野は、また〝進歩的文化人〟として革新都知事の美濃部亮吉の誕生に一役も二役も買っている。いや、むしろ、主役と言っていいだろう。

そんな中野に学ばなければ、亀井は『モンロー』など出せなかったと思われる。亀井の父親に当たる世代の中野について、城山三郎は私にこんなエピソードを語った。

「あるとき文壇ゴルフで中野さんが、ちょっと今日は用があるから先に帰りますと言ってパーティーに出ないで帰った。その後みんなで飲みながらテレビを見ていたら、中野さんが安保反対のデモの先頭に立って歩いているわけ（笑）。そういう人なんだ。ふつう、ゴルフはそういう勢力にとっては天敵みたいなものでしょう。天敵の仲間になってゴルフをやっていて、パッと終わったら今度はデモの先頭に立って歩いている」

こだわりのない師の下で、亀井はアメリカの大衆文化の研究に励んだ。

亀井は『モンロー』で、平岡正明のモンロー論にまで触れている。

平岡によれば、「日本におけるモンローまがいの第1号は淡路恵子」だという。70年代の初頭では由美かおるが「モンロー型の美しい少女」で「エロチックな肉体の線がモンローをおもわせる」とか。また野坂昭如は1971年に「マリリン・モンロー・ノー・リターン」という短篇小説を書いた。そして亀井は、男の憧れる女はモンロー型とイングリッド・バーグマン型に分けられるという五木寛之の説を紹介している。もちろん亀井にはまっとうな研究書もある。『近代文学におけるホイットマンの運命』（研究社出版）などである。

吉田喜重

山田太一と木下恵介を結びつけた映画監督

2022年12月8日没
享年89

吉田は、小津安二郎にからまれたことがある。

世界の小津が59歳の時、酒席で新人監督の吉田にこんな言葉を投げかけた。

「俺はな、橋の下で菰《こも》をかぶって春をひさぐ夜鷹なのさ。吉田君、君は橋の上にいるのだろう。君に俺のことがわかってたまるか」

東大出で観念先行に見える吉田に、小津はこう言わずにはいられなかった。

この時、吉田はまだ29歳。同じ言葉を繰り返す小津を前に吉田は黙って酒を飲むしかなかった。

小津を描いた高橋治の『絢爛たる影絵』（文藝春秋）のとりわけ印象的な場面である。

見るに見かねて間に入ったのが、小津より9つ年下の木下恵介だった。

「小津さん、あなたは大監督なんだからおやめなさい。若い人が古い人の作るものをあれこれいう。それは後から来た人間の権利じゃないですか。それを禁じたら批評精神は死にます。まして小津さん、小津さんは権威なんだから余程気をつけないと恫喝になりますよ。笑いとばすぐらいの度量がなきゃいけません。あなただって昔は吉田君と同じような映画作りをやってたじゃないですか」

小津が認めている木下にこう言われて、小津も我に返る。

俗に「木下学校」と称されるが、その〝卒業生〟には、監督の小林正樹、松山善三、そして吉田、俳優では高峰秀子や田村高広などがいるが、晩年になっての弟子が山田太一である。

山田と木下を結びつけたのは吉田だった。山田はもともと映画界に入ろうなどと思ってはいなくて、たまたま募集していた松竹の助監督の試験を受けた。映画は好きで、よく見ていたが、とりたてて木下にあこがれていたわけではない。だから入ってからも、この巨匠に早くつきたいと一生懸命にはならなかった。また木下につきたい人は大勢いて、簡単に入れるわけでもない。新人の助監督が順番にまわる時に、『楢山節考』を担当して以後、木下組と山田は縁がなかった。安い給料を補うために残業の多い監督につき、徹夜の連続で、まっすぐには歩けないような日々を送っていた。そんな時に吉田から、木下組に入らないかと声をかけられる。監督になって一本立ちする吉田が、かわりに山田を推薦したのである。率直に言って、巨匠の組に入るのは、ためらいがあった。ワンマン体制で、みんなが監督の顔色をうかがっているように思われたからだ。

木下に限らず、巨匠というのは自分に合わないからと渋る山田を、吉田は、

「そんなこと言わないで。ついていればタメになるから」

と説得して送り込んだ。

途中から入った山田を木下組は歓迎してくれたが、酔っ払って、大きな組はみんな動脈硬化しているとか気炎をあげた山田を、木下は「おもしろいこと言う奴だ」とニコニコしながら聞いていたという。

豊田章一郎

本田宗一郎の声は彼には届かなかったのだろう

2023年2月14日没
享年97

私の評伝選を出してくれている旬報社から、およそ20年前に『本田靖春集』全5巻が出た。私よりひとまわり上の本田は、私が敬愛するジャーナリストである。この全集の推薦者が五木寛之、澤地久枝、そして筑紫哲也。その本田の『複眼で見よ』（河出書房新社）にこんな一節がある。「本田宗一郎のこと」と題して、靖春は損失補てん問題で日本の資本主義は腐臭を放っているとし、トヨタや松下電器産業（現パナソニック）と対照的に財テクに見向きもしなかった宗一郎を偲んで、「経済評論家の佐高信氏」の次の指摘を引く。

「大体、トヨタにしても松下にしても、いまだに豊田家、松下家の人間が会長、社長等主要ポストにすわっている。企業を〝家業〟と考えているわけだが（略）、損失補てんも、日本企業のこうした封建的土壌の上に咲いた徒花なのである」

宗一郎は実弟も早く本田技研を辞めさせ、子息は最初から入社させなかった。引退したのも67歳と早い。

こうした説明を入れながら、「ふたたび佐高信氏の文からの引用になって恐縮だが、どうかお許しをいただきたい」として拙文を引いている。

「また、豊田家の企業のトヨタが、その本拠の挙母市の名を豊田市に変えたのに、本田は鈴鹿サーキットで知られる鈴鹿市が本田市に変えてはどうかと言ってきたのに、それを断っている。（略）問題の補てんリストに本田技研の名がないのは偶然ではない」

『週刊現代』の1991年8月17日号の私のコラムからの引用だが、私はとても嬉しかった。しかし、その恐縮ぶりにはこちらが恐縮するしかない。

豊田章一郎が経団連の会長をやったのは、日本の企業の負の側面の代表として、皮肉な意味で妥当なのだろう。豊田家の分家の英二から本家の章一郎への社長交代は〝大政奉還〟などと言われたが、豊田家の人間でなければ社長になりえたかどうか、私は疑問がある。

その息子の章男に至っては論外である。私は章一郎の死を悼む人に梶山三郎の小説『トヨトミの野望』『トヨトミの逆襲』（いずれも小学館）を読むことをすすめたい。

本田靖春によれば、死期の迫った本田宗一郎はこのように言い遺したという。

「自動車をつくっている者が大げさな葬式を出して、交通渋滞を起こすような愚は避けたい。もうすぐお迎えがくるが、何もやるな」

かなり前から、宗一郎は自宅への年始のあいさつを断っていた。その理由を彼は靖春にこう語った。

「自動車屋が駐車の列でご近所に迷惑をかけてはいけない」

道路を倉庫がわりに使う方式といわれた「トヨタかんばん方式」をやめることなど考えもしなかっただろう章一郎にこの発言は届くことはなかった。

池田大作

ボディーガードをしていた後藤組・後藤忠政の正論

2023年11月15日没
享年95

池田を「人間の仮面をかぶった狼」とまで罵倒したのは元首相の菅義偉である。

1996年の総選挙で神奈川から立候補した菅は相手が創価学会出身の現職だったために、そんな激しい攻撃をした。

しかし、菅はそれからわずか4年後の総選挙では掌を返して創価学会に選挙協力を求める。その間に学会が支持する公明党と自民党が連立して政権に入ったためである。

さすがに、菅は創価学会の神奈川県本部に呼ばれた。そして、そのトップから、

「菅さん、あんたこないだの選挙で、池田先生のことを何て言った？　あんなに批判しておいて気持ちは変わったのか」

と詰問された。それは1時間にも及び、菅は汗をかきかき弁明したとか。

帰り道、菅は一緒に行った秘書の渋谷健に、

「おい、渋谷、最初はほんとに怖かったな」

と言ったという。

その菅が今や自民党きっての学会通となり、学会とのパイプの太さを誇っているのだから、何をか言わんやだろう。

これは菅のいい加減さを示すと同時に池田が率いる学会のいい加減さをも示している。私は2020年に『池田大作と宮本顕治』（平凡社新書）を出し、「創共協定」誕生の舞台裏を書いた。

現在は忘れられているが、池田は1975年に日本共産党のドンだった宮本顕治と『毎日新聞』で対談をし、『人生対談』（毎日新聞社）と題して出版した。

創価学会と共産党の、いわゆる創共協定は、1969年に藤原弘達が出そうとした『創価学会を斬る』（日新報道）の出版を止めようとして学会が起こした言論弾圧事件の鎮静化を図って池田が主導したものだったが、選挙などで激しく共産党と争っていた公明党の反発を呼び、すぐに有名無実のものとなる。自らの国会証人喚問を恐れて、池田は必死に使い分けをするのである。

一時は学会の用心棒で、その後離れた山口組傘下の後藤組組長、後藤忠政が池田についてこう言っている。

「創価大学作って〝優秀な人材〟を官僚にしたり、法曹界を牛耳るために人を送り込んだりしちゃいかんだろう。外務省には、池田にノーベル平和賞を取らせるためだけに働く、学会員の組織があるらしいじゃないか。法務省にも池田を守るための組織ってものがあるんだろ？　だいたい神崎（武法）にしろ、浜四津（敏子）にしろ、もともとはあの山崎（正友）の弟子だしな。どんな宗教信じるかは勝手だ。しかし、その宗教のために国会や官僚組織に入り込むというのは、筋が違うんじゃねえか」

一時は学会および池田のボディーガードだった後藤のこの発言は正論だろう。

池田は学会という組織を巨大化したが、それは個人の祈りである宗教から離れて、ある種の利益団体もしくは利権団体になる道だった。

竹入義勝

罵倒事件に見る池田大作と創価学会の体質

2023年12月23日没　享年97

公明党の元委員長、竹入への『公明新聞』のバッシングは1998年9月28日から始まった。『聖教新聞』も連動したが、「天下の変節男」「欺瞞の天才」「畜生以下の非道」「銭ゲバ」「ヘビ」等々、すさまじい限りである。仮にも委員長だった人を口汚なく罵るそれは連日続いた。

「竹入義勝の謀略と欺瞞」と題して、元副委員長の二宮文造（元『朝日新聞』記者）はこう〝証言〟する。

「私は竹入の行状はよく知っている。竹入と創価学会の池田名誉会長は、学識・教養・人格ともに天地雲泥の差だ」と始まって、次のように続く。

「名誉会長は全世界の一流の指導者と会い、尊敬され、賛嘆されている。中国では、北京大学、復旦大学、武漢大学、中国社会科学院、深圳大学、新疆ウイグル自治区博物館、新疆大学（名誉学長と名誉教授）、厦門大学、中山大学、吉林大学、上海大学、内蒙古大学、香港中文大学、香港大学から、15の名誉博士（名誉教授）号を受けている」

そして、竹入は、何かと言えば「日中はオレだ、オレだ」と言いたてるが、誰も評価しない、と二宮は批判し、池田をこう持ち上げる。

「名誉会長は、世界中の国々から国家勲章も数多く受けている。竹入なんか、汚れた勲一等だけではないか」

１９２８年生まれの池田に対し、竹入は１９２６年生まれで、竹入の方が年上である。それも池田には煙たかったのだろう。

池田に攻撃の材料を与えたのが、１９９８年夏に『朝日新聞』に連載された竹入の「秘話・55年体制のはざまで」である。

「田中角栄元首相に対しては野党の立場から厳しく追及したが、政治的にも、人間的にもすばらしい人だった」

この書き出しが池田の激しい怒りを買うことになった。自分に対する感謝ではなく、田中の礼讃から始まるとは何事か！

予想外だっただけに池田は憤慨し、「自分の力で偉くなったと錯覚する者は馬鹿者である。馬か鹿なんです。人間じゃない」と口を極めて罵った。

竹入の連載開始日翌日の8月27日、東京は八王子の牧口記念会館で開かれた創価学会本部会での発言だが、これは「創価学会のお陰で偉くなりながら、創価学会を尊敬しない。いっぱいいいますよ、そういう奴は。創価学会に感謝しない。恩知らずです、畜生」と続く。公明党の委員長を辞めるか辞めないかは、創価学会会長（当時）の池田が決めるという竹入の証言も、池田の逆鱗に触れた。

竹入は1996年秋に勲一等旭日大綬章を受けたが、池田は自分がもらえない勲章を弟子がもらうことを極端に嫌い、嫉妬した。竹入はそれを知っていて受けている。それにしても竹入罵倒事件ほど池田と学会の体質を露わにしたものはない。

大川隆法

幸福実現党をつくる前、三塚博や小池百合子を応援していた

2023年3月2日没
享年66

大川が師と仰いだ渡部昇一が亡くなった時、郷里の『荘内日報』に「大川の先生が渡部」と書いて批判したら、渡部ファンからブーイングが来た。残念ながら私は渡部と同郷なのだが、大川は渡部との対談で「渡部先生のご著書の影響が『幸福の科学』の知的探究態度の出発点みたいなところがあるんです」と言っている。渡部は〝オトコ櫻井よしこ〟のようなウルトラタカ派だが、「幸福の科学」はかつての創価学会の如く批判に対して過剰反応する。私が2012年4月29日号の『サンデー毎日』のコラムで、「霊言」と称して、さまざまな人間の言ったことを大川著として出すのはおかしいと指摘したら、編集部にしつこく抗議してきて、結局、「幸福の科学グループ専務理事」という肩書の里村英一と対談することになった。

里村はTBSに勤めていたらしいが、最後のヤリトリが傑作で、里村が、

「実はきょう、幸福の科学の入会申込書も持ってきました。佐高さん、口が悪くて後生危

ないから、この入会申込書にサインをお願いします」

　と言うので、私は、

「総裁にするなら考えてみますよ（笑）」

　と皮肉った。すると、

「その発言が非常に堕地獄的。佐高さん、これがファイナル・ジャッジメント（最後の審判）ですよ」

　と真顔になって怒る。冗談が通じないのである。そんな彼らに強烈な打撃となったのが、隆法の長男・宏洋が書いた『幸福の科学との訣別』（文藝春秋）だった。それによれば、お布施だけで1年に300億円も集まるおカネは「世界に1つしかないんだ」と隆法が自慢したウン千万円の腕時計や、女性幹部の高い給料とアクセサリーに化けた。信者は公称1100万人などと言っているが、熱心な信者は選挙の際の得票数で明らかだろう。

　東大法学部卒の隆法は総理大臣になりたくて国政選挙に候補者を立てた。幸福実現党をつくる前は、自民党の三塚博や小池百合子、そして丸川珠代などを応援した。

　隆法の主張は「憲法9条の改正や核保有を政策に掲げるなど、相当な右寄り」で、原発についても推進派だが、以前は「原発は地球を滅ぼす」と、むしろ左寄りのことを言っていた。また、離婚した前夫人のきょう子とも、本当は別れたくなかった、と宏洋にバラされている。

最後に大川の『ノストラダムス戦慄の啓示』の一節を引こう。

「21世紀、リヴァイアサン（日本）は無敵となるであろう。年老いた鷲（アメリカ）の喉を喰いちぎり、また力尽きた赤き熊（ソ連）を打ち倒し、老いたるヨーロッパを嘲笑い、中国を奴隷とし、朝鮮を端女《はしため》とするであろう」

何と傲慢で恥知らずな予言であることか。

アルベルト・フジモリ

サムライは投降した人間を殺すのか？

2024年9月11日没
享年86

『政治ジャーナリズムの罪と罰』を書いた田勢康弘とは同じ山形出身ということもあって一時親しくつきあったが、のちに疎遠となり、そのまま先に逝かれてしまった。権力との距離感が離れるキッカケで、フジモリ評価も別れる原因だった。田勢は点数が高く、私はフジモリを否定したからである。

ペルーの日本大使公邸人質事件を、強行突入という形で収拾したフジモリを称賛する声が当時あふれた。ビートたけしは織田信長になぞらえ、チンピラ保守の福田和也は、生命よりも大事な名誉というものがあるのだなどと力んだ。

しかし、フジモリはそれほど手放しで持ち上げていい人物だったのか？

よく言われることだが、ラディカルなデモとそれを規制する機動隊をテレビが撮る場合、カメラをどこに置くかで、受ける印象がまったく違ってくる。機動隊の後ろに据えて、たとえば投石する学生を撮ったら、デモ隊の方が暴力的だとなる。逆に、デモ隊の側に置いて突進して来る機動隊を写したら、暴力的なのは規制する側ということになるだろう。そんな初歩的区別もせず、戦後、日本人は暴力を考えなくなったなどと、福田は単純な議論をもったいぶって展開した。

あの時は明らかにフジモリの軍隊側からのみのニュースが流された。公邸内のゲリラ側から写せない以上、それはやむをえないとも言えるが、その「偏向」を私たちはどれだけ自覚していたか。

1990年の大統領選挙でフジモリと争った元国際ペンクラブ会長の作家、バルガス・リョサは『新潮45』の1997年6月9日号で、フジモリ独裁政権は、この「成功」を利用して「人権侵害の疑いを払拭したり、国防省内部で発覚した拷問事件を隠し」支持率の低下を挽回しようとした、と語った。そして、「しかし、武力突入が必要だったとしても大いなる疑問は残る」と言ったのである。

なぜ、投降したゲリラを射殺したのか？　フジモリをサムライと讃える人がいたが、そうだとして、サムライは降伏した人間を殺すのか？

1992年から5年間も憲法を停止し、ただ、ゲリラの撲滅にのみ力を注いだフジモリを私は評価しない。もし、私がペルーに生まれていたら、あるいはゲリラとなってフジモリ政権の転覆を図ったかもしれない。

フジモリにだけ「正義」があるのではなく、ゲリラにも「正義」がある。ゲリラはすなわちテロリストではない。強行突入の際に、あるゲリラが人質に銃を向けていて、撃てたのに撃たなかったというニュースもあった。

投降したゲリラまで射殺したのはフジモリの軍隊であり、私にはフジモリの方がテロリストのようにも思えた。

フジモリの死は、改めてあの時の論争を思い出させた。残念ながら、そこまで踏み込んでフジモリに触れた記事は見当たらない。

ヘンリー・キッシンジャー
ノーベル平和賞を受賞してしまった黒幕

2023年11月29日没
享年100

池波正太郎や司馬遼太郎、そして佐藤愛子と同い年のキッシンジャーに私はいい感情を持っていない。

タカ派の中曽根康弘を弟子とする一方で、中曽根と同い年の田中角栄を、アメリカの意に逆らって中国と国交を回復したとして追放した。ロッキード事件で軍用機疑惑の中曽根は見逃され、民間機疑惑の田中が逮捕されたことに私はキッシンジャーの影を見る。

『佐高信評伝選』第3巻の『侵略の推進者と批判者』(旬報社)に「石原莞爾の夢と罪」を入れたが、私はそこでキッシンジャーに触れて、こう書いた。

「一九七三年にアメリカ国務長官のヘンリー・キッシンジャーはヴェトナム和平協定締結の功で、交渉相手のレ・ドゥク・トとともにノーベル平和賞に選ばれた。しかし、レ・ドゥク・トは『平和はまだ南ヴェトナムにもたらされてはいない』として、これを拒否する」

当然だろう。自分の家に火をつけた人間が消火作業に手を貸したからといって、一緒に表彰されるわけにはいかない。放火犯に消火賞を贈るようなこの決定に怒って、ノルウェー議会のノーベル賞委員5人のうちの2人が辞任した。『ニューヨーク・タイムズ』は社説で、これでは「ノーベル平和賞」ではなく、「ノーベル戦争賞」だと書き、ハーバード大学教授のエドウィン・ライシャワーも「ノルウェーの人びとにかの地で起こっていたことの認識が足りなかったか、あるいは十分なユーモアのセンスをもち合わせていたかのいずれかだ」と皮肉った。また、ハーバードとマサチューセッツ工科大学の学者60名は「正常な正義感のもち主なら受け取り得ざるもの」という書簡に署名している（ウォルター・アイザックソン著、別宮貞徳監訳『キッシンジャー』NHK出版）。

そして、キッシンジャーに石原を重ねたのである。

「対中国戦争不拡大と東条英機との衝突によって、石原はあたかも平和主義者のように偶像視されている。しかし、満洲事変の火をつけ、それから十五年に亘る戦争の口火を切ったのは明らかに石原であり、その後いかに『平和工作』を進めたからといって、放火の罪は消えるものではない」

石原については、あまりに「伝説」が多すぎるのである。特に郷里では神格化されていて、拙著を読んだ人間が「同郷の者が書いたとは思えない」と非難しているという話を聞いた。キッシンジャーについても、すでに伝説が生まれており、ますます神格化される危険性があるだろう。しかし、レ・ドゥク・トの立場に立った場合、その伝説と神格化には疑問を抱かざるを得ない。

結局、どちらの立場に立って見るかということなのだろう。早野透の『田中角栄』（中公新書）に、軍用機疑惑で中曽根に近い児玉誉士夫の名前が出たあたりで、キッシンジャーが「外国政府を窮地に陥れる」と情報開示にブレーキをかけたという記述がある。

ダニエル・エルズバーグ

内部告発者は日本にいるのか

2023年6月16日没
享年92

『噂の眞相』は2000年の6月号で、当時首相だった森喜朗が学生時代に売春防止法違反で検挙されていた疑惑を報じた。それを書いた西岡研介の『「噂の眞相」トップ屋稼業』（河出文庫）に、西岡が裏を取ろうとして接触する「警察庁キャリア組で公安畑を長く歩んだ現職幹部」のXが出てくる。

エルズバーグの死で、まず思い出したのはこのXだった。ディープスロートと呼ばれて内部情報を流すインサイダーは日米を問わずいる。しかし、残念ながら『噂の眞相』休刊後は、それを受けとめるメディアがこの国にはなくなっているのではないか。

エルズバーグが、国防総省の最高機密文書であるペンタゴン・ペーパーズを流したのは『ニューヨーク・タイムズ』の記者、ニール・シーハンにだった。

ハーバード大学で経済学の博士号を取り、国防総省に入ったエルズバーグはベトナム戦争下のサイゴン（現ホーチミン）に赴任し、戦争の実態をつぶさに知って反戦の立場に転ずる。シーハンともベトナムで知り合った。

機密文書は7000ページにも及び、それを基にシーハンは記事を書いた。当時のニクソン政権は掲載差し止めを求めて提訴したが、アメリカ連邦最高裁は「報道の自由」を理由にそれを退けている。

中央大学教授の目加田説子が2023年6月25日付の『東京新聞』のコラムに「インサイダーの良心」と題してエルズバーグのことを書いている。それによると彼はスパイ罪など12の罪で起訴された。しかし怯《ひる》むことなく、一度は行方不明となったペーパーズを、手元に残っていた文書やメモで明らかにし、『世界滅亡マシン 核戦争計画者の告白』にまとめる。ペーパーズを暴露した時、彼は生涯を牢獄で過ごすこともありうると覚悟したらしい。

それでも告発に踏み切ったのは「人類の歴史の中で、これほどまでに倫理にもとる」政策はないと思ったからだった。

このドラマはスティーブン・スピルバーグ監督によって映画化され、主役はトム・ハンクスが演じた。

目加田は先のコラムをこう結んでいる。

「彼と同じスケールの挑戦を誰しもができるわけではない。だが、『良心』に基づくインサイダーの決断は社会や世界を動かせる。このことを彼の遺訓として受けとめていきたい」

密かに〝日本のエルズバーグ〟と呼んでいるXも西岡にこう言ったという。

「君は時の総理にまでかみつくつもりか。しかし……。私みたいな立場の者が言うのもなんだけど、たしかに君の言うとおり、あんな男が『密室の談合』で総理に選ばれたこと自体、間違いだったかもしれないな……。よし、今回は私も腹をくくろう。けど、言っておくが、あくまで『この国の将来を憂える』という立場での協力だぞ」

『噂眞』の休刊と共にXのような人も消えたのだろう。

安倍洋子

夫と息子から愛されていたのか、心境は誰も知らず

2024年2月4日没　享年95

その情報は大分県知事だった平松守彦から、もたらされた。平松は元通産（現経産）官僚であり、安倍晋太郎は通産大臣をやったことがある。洋子の夫であり、晋三の父である晋太郎に洋子以外の彼女がいるというシークレット情報だった。子どももいるらしい。

ある料亭の女将だが、そこは私も何度か行ったことがあり、小柄な女将とは冗談もかわしあった。フーン、そうなのかと思いながら、大学時代のゼミの同期生で『毎日新聞』の政治部長もやった岸井成格に、

「知っているか」

と尋ねた。晋太郎がかつて『毎日』の政治記者だったこともあり、岸井は晋太郎にずいぶん食い込んでいたからである。

その岸井が言下に
「ありえない」

と否定した。恐妻家の晋太郎にそれは考えられないという。

しかし、それはガセネタではなかった。

まもなく週刊誌にスキャンダルとして報じられたからだ。

その時、なるほど、官僚はすべてを知っているが、〝身内〟でない新聞記者にはもれないようにするのだなと思った。

その後、晋太郎と洋子の間に、それをめぐってどんなヤリトリがあったかは知らない。

晋太郎は常々、自分は岸信介の女婿ではなく、安倍寛の息子だ、と言っていた。寛はリベラルな政治家だったし、岸とは思想的に対極の位置にあった。その間にあって洋子はかなり苦労したのかもしれない。

その他に洋子を悩ませたのが晋三だった。

野上忠興の『安倍晋三 沈黙の仮面』（小学館）にこんなシーンがある。

晋三は成蹊大を出てから南カリフォルニア大学に留学した。しかし、すぐにホームシックになる。

そして、やたらに東京の実家にコレクトコールをかけてきた。毎晩のように繰り返されるそれの料金が1ヵ月で10万円にもなる。

さすがに晋太郎のカミナリが落ちた。

「何を考えているんだ。それなら日本に戻せ！」

わずか1年余りで帰国することになるが、ホームシックは洋子に対してではなく、乳母的な存在のウメに対してではなかったか。

野上は「両親に代わって、乳母兼養育係として安倍兄弟が成人するまで世話をした久保ウメ」を絶対に欠かせない存在と書いている。

ところで、晋三のために洋子が後ろ盾に頼ったのが小沢一郎だった。晋三の初当選後まもなく、ひそかに小沢との会食をセットし、晋三を引き合わせて、

「晋三はまだまだ未熟者です。どうか一人前の男にしてやって下さい」

と頼んだ。小沢は、

「私にできることは何でもやります」

と応じたとか。

野上の明かす秘話である。

谷村新司

硬派の経済ジャーナリスト内橋克人も評価した「昴」

2023年10月8日没
享年74

硬派の経済ジャーナリスト、内橋克人と私の対論『KKニッポンを射る』（講談社）は1986年に刊行された。タイトル通り、日本の会社やサラリーマンをテーマにしているが、第6章の「時代の哀歌」で谷村の「昴」に触れている。流行歌とは無縁だと思っていた内橋がこう話したのは意外だった。

「都はるみがいよいよ引退する時に、五木ひろしがピアノを弾いて、都はるみが歌った『昴』があるんです。これは現在の演歌の最高峰だと思う。あるテレビでやったものですが、これは絶妙のコンビで私はちょっと大ゲサな表現かもしれませんが、ローソクの火が消えていく最後の輝きみたいなものを見ましたね」

私よりほぼひとまわり上で『匠の時代』を書いた内橋は同調主義を嫌い、どちらかというと流行に背を向ける。そんな内橋が「昴」を絶賛したので、私はちょっと不意をつかれた。私自身はそれほど谷村の歌に惹かれないからでもある。

私の高校以来の友人で、ベルウッドというレーベルの創始者、三浦光紀も、谷村やさだまさしには無関心で、彼らはＮＨＫの紅白歌合戦に出たい人なんだよ、と斬り捨てた。三浦の親しい小室等や井上陽水は声がかかっても出ないと言う。

それはともかく、いま少し、内橋の「昴」礼讃を聞こう。

「これは単なる私のイメージに過ぎませんが、状況としてはもう死しかない。しかし、そのときはせめて閉塞した中での選択権は自分が握るべきなんだと。自分の死の選択権は自分が握るべきだということです。多くの人が意識していないと思いますが、現在は日本人全体、あるいは地球全体が追いつめられた状況にある。たとえば、核状況の中で選択の幅がどんどん狭められているわけですね。個人が何かを選択する余地は世界的にどんどん狭められていく。しかしなおその中で何かを求めていかなければならない。世紀末の状況で、未来はけっして明るくないというなかで、谷村新司はそこを直観的に感じ取ったんだと思うんですね。そしてその世紀末の個の悲劇を謳い上げたのではないか」

これを谷村が読んだかどうかは知らない。しかし、深読みとも言えるほどの評価だろう。

内橋によれば君も社長になれるよと新入社員に幻想を与えるのが日本的なやり方だという。ところが、「昴」はそういう幻想をカケラも与えない。「正直な、そのままの状況の描写として、前途にはこれしかないんだと言っている」という内橋の評は、だいぶ早い谷村への追悼メッセージだった。

谷村はアダルトビデオやビニール本の収集でも知られていたらしいが、それとは無縁な内橋にこれほどまでに評価されて、心置きなく「冥途へ旅立てる」のではないか。谷村は、平和への祈りはささげても、あからさまな反戦歌は歌わなかった。

小澤征爾
世界的指揮者の名づけの由来

2024年2月6日没
享年88

中国の「九一八事変記念館」には、他の日本人は許すことができても、この2人は許せないという侵略者の象徴として、板垣征四郎と石原莞爾のレリーフが飾ってある。

小澤の父、開作は歯科医だったが、五族協和の思想に感激して中国東北部（旧満州）に渡り、板垣と石原を尊敬するが故に、息子に征爾と名づけた。それを征爾がどう思っていたかはわからないが、母のさくらによるこんなエピソードがある（『北京の碧い空を』二期出版、のちに角川文庫）。

開作は毎日のように石原と板垣に会っていた。それで「おふたりの名前をいただきたい」とお願いして、征爾とつけたのだが、その時、板垣は「2人の名前を並べるなら石原の方が偉いんだから『爾征』とつけなきゃいけない」と言ったとか。

肩書的には板垣の方が上なのだから、人気者の石原を慮ってということだろう。

開作とさくらの間には4人の息子がいて、征爾は三男である。

NHK交響楽団とケンカしたりする血の気の多さは父親譲りだと思われる。

私は同郷でもある石原について批判的な評伝を書いたが、その中で亜細亜大の学長をやった儞藤瀋吉が、旧満州の瀋陽から名前をとったので、自嘲気味に「日本帝国主義の子ども」と洩らしたことに触れた。

それに対してエコノミストの大来佐武郎が「いや、儞藤さんは帝国主義者の子ではない。彼のお父さんは満鉄の奉天図書館に長くつとめて、日本人に中国の歴史や文化を理解させようと努力した人だ」と否定したという。

儞藤瀋吉以上に小澤征爾は「帝国主義の子」を意識せざるをえなかったと思うが、残念ながら、もう、その胸のうちを聞くことはできない。

友人の小室等に聞いた小澤の逸話がいい。武満徹と親交のあった小室が、武満の亡くなった1996年の秋に福岡でウィーン・フィルハーモニー管弦楽団が武満の作品を演奏すると聞いて出かけた。指揮はもちろん小澤である。

終演後も小澤は忙しく地元の人たちとあいさつを交わしている。

小室は武満夫人の浅香、娘の真樹と共に博多の豚骨ラーメンに行こうとしていた。浅香が小澤に中座すると言うと、小澤は、

「え？　どこかに行くの？」

と尋ねた。彼女が、

「豚骨ラーメンに連れてってくれるって」

と答えると、小澤はあわてたように、

「ちょっとロビーで待ってて」

と言って、出て来た。

4人で博多漁港に面した「長浜ラーメン」へ。

小澤と小室はラーメンに加えて芋焼酎を飲んだが、小室が〝世界のオザワ〟におごったという話である。

小澤の前夫人は三井不動産のボスだった江戸英雄の娘である。その京子はピアニストだったが、江戸英雄を加えれば、かなり濃密な近代日本昭和史が書ける。

鳥山明

『ドラゴンボール』はカタルーニャ語で放映された

2024年3月1日没
享年68

『Dr.スランプ』も『ドラゴンボール』もまったく無縁だったから、この世界的漫画家については、最初、書く気がなかった。

しかし、パートナーがカタルーニャ出身の参議院議員、大椿ゆうこと会い、カタルーニャで熱烈にこの漫画家が支持されていると知って、俄然興味を持った。

また、この代表的な2作が連載時の『週刊少年ジャンプ』の編集長、後藤広喜は私が学生時代入っていた山形県庄内地方出身者の寮の1年後輩である。東京教育大（現筑波大）生時代はサルトルに傾倒していた後藤は『週刊新潮』の3月21日号で、こう語っている。

「鳥山さんは、ストーリーとギャグをうまくミックスさせながら描ける人でした。そして、それが嫌味でも何でもなく入り込んでくる。両方とも無理なくスッと描ける。天然の素質のようなものが備わっていると感じさせられました」

ところで、なぜ、カタルーニャで鳥山なのか？

カタルーニャはカタルーニャ語の使用を禁じられた歴史を持つ。公教育の中でそれを取り戻すために、日本のアニメ、とりわけ鳥山の作品が重要な役割を果たしてきた。スペイン語に翻訳された日本のアニメは多いが、カタルーニャ人にとっては、カタルーニャ語に翻訳されたということが重要なのである。

どんなに人気があったかは、大椿のツレアイが娘にアラレと名づけたかったと言っていることでも明らかだろう。

また、カタルーニャにはカガネーと呼ばれる人形がある。翌年の豊穣や繁栄を祈ってクリスマスに飾られる人形で、日本では排便人形、糞ひり男などと表記されるが、このウンチ姿が鳥山作品への親近性を加速させた。

カタルーニャ語ではカガネルというカガネーはバラティーナという伝統的な赤い帽子をかぶり、ズボンを下ろして、お尻から大便を出している。このユニークな人形が生まれた理由は明らかではないが、翌年も豊富な食料に恵まれ、大便が出ることを期待して、とも言われる。

最近はサッカー選手やミュージシャン、アニメキャラクターにイギリス王室関係者の排便姿を模したカガネーも登場している。政治家のカガネーも土産物屋でよく売られており、安倍晋三のそれもあったとか。

さて、1984年に『ドラゴンボール』が始まった時、孫悟空という名前の少年の物語がこれほどヒットするとは考えられなかった。原作は全世界で2億6000万部を売り上げ、史上最大のベストセラーとなったが、カタルーニャでは1990年に初めてテレビが孫悟空の冒険を放送し、好評を得たため、カタルーニャ語で孫悟空の冒険を体験することができた。

人混みが嫌いで東京に行きたくなかったという鳥山は、多分、カタルーニャとは相性がよかったのではないだろうか。

鷹羽狩行

俳人の句には山口誓子の句のような重量感はなかった

2024年5月27日没 享年93

書家だった私の父は山形県新庄市の出身である。鷹羽も新庄市生まれと知って、会っておけばよかったなと思った。俳人協会理事長、会長、そして名誉会長の鷹羽の「知的な句風」に惹かれることはなかったが、本名の髙橋行雄をもじって山口誓子が「鷹羽狩行」と俳号をつけたことは知っていた。

村上護編の『俳句の達人30人が語る「私の極意」』（講談社文庫）という本がある。その中で鷹羽が「摩天楼より新緑がパセリほど」という句が「海外俳句」の先駆けのように言われることについて、次のように語っている。

「アメリカ旅行で日本の湿潤性ということを痛感しました。日本人が自然との調和のなかに生活を楽しむ植物的性格であるのに対して、アメリカ人は自然を征服し、人工構築の世界に生活している。ドライなこの国で、十七音がひ弱であってはならない、短刀の威力を発揮してくれ……という気持ちがあったみたいですね」

鷹羽は中学で俳句と出会い、尾道商業の担任が俳文学者の鳥居清だったので、「第二芸術批判」を書かされた。そして、誓子に師事し、結婚した時に俳号をつけてくれと頼んだ。「西東三鬼（本名、斎藤敬直）のような」という注文をつけてである。

「今から考えると向こう見ずなこと」と鷹羽は往時を振り返りながら、「たかはしゅぎょうは句またがりですね。私の俳句に句またがりが多いのは、そこからきてるんじゃないかなんて、冷やかす人がいるんですけどね」と笑っている。

誓子を剛とするなら（秋元）不死男は柔と鷹羽は比較しているが、不死男もまた鷹羽の師だった。

「会社をやめたのが昭和52年です。やめるふんぎりがついたのは、50年に永井龍男先生から引き継いで『俳句とエッセイ』の選者になり、その翌年に高野素十のあとを受けて毎日俳壇の選者になっていたので」

こうも回顧する鷹羽は、「季節は感情を持っている」と指摘し、「世界で一番短い詩型」の俳句を次のように表現する。

「俳句というのは言語芸術のエッセンスみたいなものでしょう。1字の違いが大違いというのが俳句ですからね。しかし言葉は、そう感じなければ引きだせないでしょう。言葉言葉と言いますけれど感動を定着するための言葉を選ぶわけですから、まず感動ありきなんですよね。技巧に頼ってデッチあげをするのではない」

「瞬間を永遠のものとする」もごもっともなのだが、私はやはり、師の誓子に鷹羽は遠く及ばないという感じがする。

「海に出て木枯帰るところなし」という誓子の句は特攻隊を詠んだものと誓子自身が解説している。自然現象と社会現象を交差させたこの句は読む者にズシンとした感じを残すが、残念ながら鷹羽の句にはこうした重量感がないのである。

鈴木健二――『気くばりのすすめ』のNHKアナウンサーの押しつけがましさ

2024年3月29日没 享年95

目が笑っていないという言い方があるが、鈴木の笑顔が典型的なそれだと思ってきた。NHKのアナウンサーとして知られた鈴木は1982年に『気くばりのすすめ』という本を出し、およそ400万部のベストセラーとなった。

しかし、そんな本を出せるとは、ずいぶんいかがわしいオッサンなのではないかという疑念を私は消せなかった。

第一に、それは、自分は気くばりのある人間だという前提に立っている。しかし、そうであるかどうかは他人が判断することだろう。

そう思っていたら、当時、鈴木とシンポジウムで一緒になった法政大学教授（のちに総長）の田中優子から、こんな話を聞いた。

シンポが始まる前は、終わったら自分が飛行場まで送って行きます、と言っていたのに、議論の中で田中が鈴木に反論すると、プーッとふくれて、彼女を送らなかったという。

さもありなんと私は思った。

鈴木の「気くばり」は他人へのそれではなく、自分への「気くばりのすすめ」だったのだ。

そんな鈴木を、熊本県知事だった細川護熙が熊本県立劇場の館長にする。知事として「日本一づくり」運動を推進し、「行政として残せるものは文化しかない」と主張して鈴木を引っ張ってきたのだが、鈴木がＮＨＫをやめて館長になるという噂が流れた時、地元の『熊本日日新聞』記者の龍神恵介が尋ねると、

「いえ、そういうお話はいっさいございません」

と鈴木は答えた。

それは、人事が確定するまでの方便としても、招いた細川が知事をやめても、なお、館長に居すわったのは、『気くばりのすすめ』の著者としてはどうなのか。

さすがに、やめる素振りは見せたらしいが、結局は留任した。

１９９１年の自治労の調査によれば、中央省庁からの職員の派遣、つまり天下りは熊本県が一番多かった。これを皮肉って、『熊日』は「いつの間にか、天下り役人も〝日本一〟の熊本県」と書いた。

鈴木には、恥ずかしさを感ずる機能は欠落しているようで、「私が愛してやまない熊本県立劇場」での神楽の上演に際して、「感動との出会い」と題する一文をものしている。

「幕が静かに下り始めた次の瞬間からの感動のシーンを語ろうとすると、言葉よりも先に、胸がしめつけられ、目にうっすらと涙が溢れる。そこにあったのは、人間が生きようとする心の根源に存在している感動であった。感動なしに人生はあり得ない……」

勝手に鈴木だけ感動してれば、と突き放したくなるようなこの押しつけがましさ。

私など、「気くばり」とは感動にしろ何にしろ、他人に押しつけないことだと思うが、鈴木は逆に、押しつけることが気くばりだと考えているらしい。

ＮＨＫ的な押しつけがましさと鈍感さが生んだ〝迷惑おじさん〟が逝った。

陳建一

〝鉄人なんて言われていい気になるな〟母の格言

2023年3月11日没
享年67

吉永みち子の『麻婆豆腐の女房』（光文社知恵の森文庫）は陳建一の母、洋子を描いた本である。洋子はNHKの「きょうの料理」で知られる陳建民の女房だった。

この本を基にNHKでドラマが放送された。女房役は松坂慶子。もちろん、建民も建一も出てくる。

吉永は冒頭、洋子のこんな言葉を引く。

「うちの建ちゃんはね、1分とじっとしていられない子だったね。ペケペケペケペケペケどっかに飛んで行っちゃってさ。小外交官なんてあだ名ついてたな。小さい時から愛想と調子がよかったんだね。ハッハッハ」

建ちゃんとは言うまでもなく、のちに「料理の鉄人」という人気番組で〝中華の鉄人〟として知られるようになる建一のことである。

丸顔で愛想のいい建一の特徴を母は見事に捉えている。

「うちの建ちゃんたらさ、子供の頃にたまに家族でお出かけするじゃない。わざわざ一番いい洋服に着替えさせてさ、鍵かける間、外でいい子で待ってなさいって言い聞かせて、あわてて鍵かけて外に出たら、もう洋服汚してたもんね」

建一は中学卒業まで中華学校に通わされた。日本語も中国語もペラペラだったが、漢字の読み方を時々まちがう。

たとえば「目黒区の隣はヨタガヤクだよな」と言うので、セタガヤクだと教えたら、キョトンとして「世の中のヨだよ」と首をかしげる。また、一緒に車で高速を走っていたら、「あっママ、霞が関方面はシブタイしてらあ」と言われて驚いた。ジュータイである。確かにシブヤクのシブだが、ジュータイと読む。

建一が回想する。

「おふくろはさ、俺がテレビ出るの嫌だ嫌だって言いながら、勝負に勝つと『よかったねえ』って言ってニコッと笑うんだよ」

負けた時は「えーっ」て大きなため息をついて悲しそうにするので、報告するのが嫌だったという。

「鉄人、鉄人なんて言われていい気になるな。食べに来てくれるお客様を大事にしなさい」と〝麻婆豆腐の女房〟は建一にいつも言っていたが、一緒にいる時、知らない人たちが「あっ、テレビに出てる鉄人よ」と囁いたら、そちらへスタスタと歩いて行き、「どうもどうも、私、その鉄人の母なんです」と愛嬌をふりまいていた。

建一の姉は母のこんな厳しい一面も記憶している。

「そんなに勉強しないいんだったら、こんな本いらないね」と言って、教科書を焼いてしまったのである。

建一は壁に「鬼ババア」と落書きしたりもした。しかし、怖かったのか、あわてて、「の反対」を付け足して「鬼ババアの反対」にしていた。建一はこの母親に「お前はコックになるんだよ」と毎晩のように囁かれて料理人になった。

第4章　会いたかった人

森崎和江

女性たちの声を拾い続けた作家の出会いと別れ

2022年6月15日没　享年95

　長田洋一という編集者がいる。私と同年輩で、河出書房新社で俵万智の『サラダ記念日』をヒットさせ、松下竜一の全集を出したりした。『文藝』の編集長として多くの作家と濃い付き合いをしたが、谷川雁が亡くなった時、かつて共に暮らしていた森崎に追悼文を頼んだと聞いた時は驚いた。断られたという。さもありなんである。

　谷川雁は『原点が存在する』や『工作者宣言』といった詩的著作で、若き日の私を興奮させた。吉本隆明と並んで、知る人ぞ知る存在だった。

「ともかく日本の民主主義運動は乾いている。エロスがない。大衆の混沌たる、いわば不条理とも見える無政府的な塊に惚れた形跡がない」といった谷川のアジテーションに口説かれて、森崎は谷川と同棲する。そして、『闘いとエロス』（三一書房）を書いた。

　谷川に導かれてというか、そそのかされて福岡の炭鉱街に住み、次のような激しい言葉を浴びせられて、その表現力に重しをつけたのである。

「話？　きさんの話が信用さるるか。きさんのことばが信用さるるか。おまえ自身が信じきらんことばをおれが信じられるか。きさん、そげな魂のぬけたことばで労働者が釣れるち、思うか！　あ？　釣れるか？　きさん、釣った気色でおっとか？　あ？」

女坑夫からの森崎の聞書『まっくら』が最近、岩波文庫に入ったのもちょっとした驚きだったが、森崎には『からゆきさん』（朝日文庫）という聞書もある。

日本から唐天竺などの異国に〝働き〟に行く女性を「からゆき」と言った。それは哀しいほどにキレイな呼び名で、「密航婦」「海外醜業婦」といった別称の方がその現実を表している。

森崎は、たとえば、あるからゆきの「日本の男より西洋人の男のほうがよっぽどおなごにやさしかばい。わたしらがすかんということは、むりにゃせんかったもん」という回想を書きとめる。一方、からゆきたちは、日本が征服し虐待した朝鮮の男たちに、次のような仕打ちを受けなければならなかった。

家や土地を売り、何人かで娼楼にやってきた彼らは、買ったからには言うことを聞けと、からゆきを囲んで座を立たせず、酒を飲ませて、小用に立つことも許さなかった。「何がつらいといっても、4、5人の客の中で、堪えきれずにおしっこを漏らすのを笑って眺められる」ほどつらいことはなかったのである。

隣に住んでいた上野英信や谷川と共に森崎は「サークル村」に参加する。石牟礼道子もその一員だった。烈しい谷川が上野たちと決裂し、森崎は「今後一切彼らに逢うのを禁止する……話もするな」と言われる。しかし、それはできなかった。

そして、「東京へゆくな」と歌っていた谷川が東京へ去る。そんな出会いと別れをした森崎に谷川の追悼文を頼むとは編集者も因果な商売である。

無着成恭

「こども電話相談室」の教育者の目からウロコを落とした人

2023年7月21日没
享年96

「全国こども電話相談室」で知られる無着成恭は、藤沢周平の1学年上で同時期に旧制山形師範（現山形大学教育学部）に学んでいる。

青年教師の無着を一躍全国的に有名にしたのは『山びこ学校』（百合出版）だが、彼の指導方針は次のようなものだった。

いつも力を合わせて行こう。
かげでこそこそしないで行こう。
いいことを進んで実行しよう。
働くことがいちばんすきになろう。
なんでも、なぜ？　と考える人になろう。
いつでも、もっといい方法がないか探そう。

そして、上山市立山元中学の生徒たちに現実をありのままに見つめさせた綴方を書かせ、それをまとめて出版した。

「雪がこんこん降る。人間はその下で暮らしているのです」といった生徒の作文が世に衝撃を与え、『山びこ学校』は爆発的な売れ行きを示して、現在は岩波文庫に入っている。

山形師範の先輩であり、生活綴方運動で戦時中に弾圧を受けた国分一太郎が指摘したように「戦後日本の教育が生んだりっぱな古典であり、財産」だから、不思議ではない。

『北に向いし枝なりき』という国分一太郎追悼文集で無着は、戦後すぐに山形師範を卒業する時には、巷にあふれている「文化国家の建設」とか「民主主義教育の確立」といったことの中身がわからなかった、と書いている。

「軍国主義教育」は古くて悪いものであり、「民主主義教育」は新しくて善いものだと誰でも言うが、何がどう悪いのか？

「軍国主義教育の中にどっぷりとつかっていた私には、なにが善くて、なにが悪いのか皆目わからなかった。判断するにも体験もなければ知識もなかった。自分の目の玉を、自分の目の玉で見ることができないというたとえのとおりである。鏡があれば写して見ることもできるが鏡もなかったのだ」

そして須藤克三を招いて自主講座を開き、軍国主義の真っ只中で、この山形で村山俊太郎や国分が北方教育運動を展開して抵抗していたことを知る。

国分は無着に「第1次アメリカ教育使節団の報告書」を紹介した。

そこには、子ども（人間）が真に生き生きするのは、自分が発見した問題を、自分が解くときであり、自己を対象に刻みこむときだ、と書かれていた。

なかでも無着の目からウロコをとりはずしてくれたのは「国民の奪うべからざる普遍的な権利は、主として教育の方途によって保護されるものである。我々はくり返して言うが、民主政治においては、個々の人間は卓絶した価値をもっている。彼らの利益を国家の利益に従属させてはならない」という一節だった。

ちなみに私の父も山形師範で国分の少し先輩であり、私が教師になって組合運動に熱心になると、戦中の国分のように弾圧されるのではないかと心配していた。

加藤秀俊

『独学のすすめ』の著者が半世紀前にした指摘とは

2023年9月20日没
享年93

『思想の科学』は鶴見俊輔を中心に、初期の同人には丸山眞男もいて、主に大衆の動向に焦点を当ててきた。鶴見の兄貴分の久野収も含めて、私は『思想の科学』文化人といった分類ができると思うが、「中間文化論」で知られる加藤秀俊もその1人である。

私は同誌の1967年4月号に「わたしの大学」を寄稿した。明治で唐木順三の「日本文芸思潮史」を、学習院で久野収の「論理学」を、東大で丸山眞男の「東洋政治思想史」等を〝盗聴〟した記録である。

これらが私が自分自身に課した「わたしの大学」の必修科目だったとし、私にとっては、慶應も学習院も東大も「わたしの大学」の教室に過ぎなかったと結んでいる。

これを書いた8年後に出た加藤の『独学のすすめ』（文藝春秋、のちにちくま文庫）に「日本の高等教育制度のなかでは、学生の大学間移動ということがゆるされていない。いや、ゆるされていない、といっては極端だが、いっぽうの大学を退学したうえであらためて転入学試験をうけ、それに合格しなければ移動できない」とあって、私は「ゆるされていない」ことを実践したんだな、と感慨深かった。〝盗聴〟と言っても、久野には慶大生と名乗って何度も質問したし、丸山にはお礼を述べた。

加藤はこうも言っている。

「アメリカでは、そしてヨーロッパでも、また他の多くの国でも、学生は大学をえらび、先生をえらんでそれぞれにじぶんの勉強したいことがらを勉強しているのである。大学の大衆化によって、どこの国でも高等教育には問題があるけれども、こんなふうに、ちゃんと勉強している国と、日本とをくらべたら、つぎの世代の人間たちはぐんと差をつけられてしまうのではあるまいか」

これがおよそ半世紀前の問題提起なのである。『独学のすすめ』には、こんな一文もある。兵庫県の小学校で「解けない問題」を「問題」にするという試みが行われたという。

「教室から生徒が8人出てゆきました。そのあと、12人が入ってきました。教室には何人のこっていますか」

これは、はじめに何人いたかが明らかにされていないから「解けない問題」である。世の中には「解ける問題」と「解けない問題」があることを学んでほしいという問題だった。

リースマンの『孤独な群衆』（みすず書房）の訳者として私は加藤を知ったが、『整理学』とか、『取材学』（いずれも中公新書）等には示唆されるところが多かった。

後者で加藤は「耳学問のすすめ」とか、およそ学者らしくない取材法をすすめる。そして「新聞社の名刺を出せば、いわゆるコワもて、というやつで、どこにでもかなり自由に出入りできる。そのことから、ジャーナリストは不当な自負心をもち、尊大になりがちだ。しかし、それはジャーナリストにとっての最大のワナなのである」という耳の痛い指摘もしている。

唐十郎
放送禁止やケンカが日常で、フジテレビを出禁になった

2024年5月4日没
享年84

山藤章二著となっている『軟派にっぽんの100人』（集英社文庫）という本がある。

山藤がイラストを描き、20人の筆者がそれぞれ5人ずつについて人物エッセイを書く。たとえば井上ひさしが若尾文子、三波伸介、熊倉一雄、渥美清、黒柳徹子について書き、山藤が忘れられないイラストでまとめている。

唐十郎も登場していて、唐が書いているのは緑魔子、李麗仙、寺山修司、白石加代子、そして淡谷のり子である。

唐が亡くなって、さまざまの追悼文が書かれたが、唐が夫婦となった李麗仙について書いたこのエッセイというか短文に触れたものは見当たらなかった。

唐が爆弾なら李も爆弾だったというのが私の印象である。

「女は色気だ。流し目に柳腰のはこび方というのが、日本の色気だが、他国にゆくととんでもない色気がある。それは、男のマタを裂き、幾つもパクついた男どものしゃれこうべ

を、数珠にして首に巻いているオニのような色気もあるのだ。李麗仙という女優の持っている色気はそれである」

こう書いた唐は「李麗仙の声は太くハスキーだ。そして口紅はトカゲの血のような色をしている。口紅が毒々しくて、声がもしもカン高かったらばそれは狂女だ。しかし、首をしめたところで李麗仙の口から出る声はどこまでも太い。これは男をたきつける声かもしれない」と続ける。

たきつけられた男である唐は、フジテレビの「3時のあなた」に出た時、段取りが悪いと放送中に暴れ出し、フジに出入り禁止となったこともある。その時のプロデューサーが歌手の畠山みどりのダンナだったとか。レコードも出したが、その詩が問題になって、放送禁止に。禁止やケンカが唐の日常だった。

ライバルと目された寺山修司のことを唐はどう書いているか。共に入ったことのある留置場の風景から始める。

ちなみに山藤は寺山を上野の山の西郷隆盛の銅像になぞらえ、「名所家出の森」という看板を出している。

頃は12月、クリスマスの迫った師走の風が吹いていた。2人はケンカしてブタ箱に放り込まれた。だますのが演劇だから事実は違うかもしれないが、唐の作文をそのまま引く。

「昔、面倒見てやったのに最近いやに逆らう唐十郎と、つまり、今般の事件の張本人である男と一緒に地検に連れてゆかれたが、ケンカ両成敗ということになり、渋谷路上で手錠をはずされた。あずけた小銭とくつを返してもらった時、オーバーのえりを立てた通りすがりの人々は、こう言った」

2人は「見ろよ、前科者だぞ」と言われたのである。

これが本当かどうかはわからない。しかし、その時、唐は「前科のない者の方が恐いんだぞ」と言い返したかったに違いない。

中島貞夫

映画『日本暗殺秘録』には「常識に反逆する血」が流れていた

2023年6月11日没
享年88

中島は脚本も書く映画監督だった。たとえば『日本暗殺秘録』は笠原和夫と中島の共同脚本である。笠原は『仁義なき戦い』の脚本家として知られるが、その笠原の『破滅の美学』（幻冬舎アウトロー文庫）によれば、「桜田門外の変」から始まる『日本暗殺秘録』は自民党から当時の東映社長、大川博に2度ほど製作中止の要請があったらしい。それでも映画化を強行したのはなぜか？　笠原は書く。

「東大安田講堂事件など反体制の新左翼運動が激化していた時勢に便乗しようとしたのか、あるいはテロリストもやくざと同様のアウトローだから、おなじ路線の商品だと割りきっていたのか。わたしと中島貞夫監督は、単純にテロリストというものに興味を唆《そそ》られて、ふだん嘘八百のやくざ映画で大芝居の殺陣をやっているので、実録で思いきって生々しい殺人の現場を再現してみよう、という意図があった」

ドラマのメインは1932年（昭和7年）の「血盟団事件」だった。井上日召を盟主と仰ぐ青年たちが「一人一殺」を合言葉に、前蔵相の井上準之助と三井合名理事長の團琢磨を暗殺した事件である。中島と共に笠原は団員の人たちを訪ね歩いたという。

軍事費の増大で疲弊した農村では娘身売りがしきりだったのに、井上準之助は、「百姓が食えないといっても野垂れ死にしたことはない。百姓の干物は見たことがない」と放言し、それが血盟団員の義憤に火をつけてテロに走らせた。

中島は『日本の首領』というシリーズの監督もしている。1934年（昭和9年）生まれの中島は敗戦を11歳そこそこで迎えている。しかし、強烈な国家への不信は、幼いながらに、いや、あるいは指導者への不信は、幼いだけに明確に植えつけられただろう。

当時の東映撮影所所長の岡田茂から、

「おまえら、ゲージツみたいなもん作ったらあかんで！」

と繰り返し言われていたが、中島はもちろん、気取った芸術作品を作るつもりはなかった。岡田と同じく東大出ながら、中島には世の中への、あるいは常識への反逆の血が色濃く流れていたからである。

鶴田浩二主演の映画『傷だらけの人生』にこんなシーンがある。戦時色濃くなる中で、軍部は「お国のため」を振りかざしてやくざをも糾合しようとする。それに乗っかる極道もいるが、鶴田の演ずるやくざはそのいかがわしさを嫌う。そして、「自分たちもそれぞれの組の代紋を背負って無法なことをやるが、国家という〝菊の代紋〟を背負っている奴らが一番阿漕《あこぎ》なことをする」とつぶやくのである。

このつぶやきは、やはり中島が監督した木枯し紋次郎の処世に通ずる。中島の師匠のマキノ雅弘は「やくざ映画がいかん言うて、なんで信長や秀吉ならええのや。NHKはあんなもんばっかりやっとるが、アレらの方がよっぽどようけ人殺してるんや」と怒ったという。

佐藤蛾次郎

俳優はアラカンを師と仰いだ

2022年12月9日没
享年78

「男はつらいよ」の寺男役、源公が亡くなった。佐藤でなければ出しえない味を出して、あのシリーズに欠かせない役者だった。

『朝日新聞』には珍しい下町記者、小泉信一の『おーい、寅さん』（朝日新聞出版）を開く。

1993年12月、監督の山田洋次らが、「来年はイヌ年。源公の相手になる、いい犬がいないかな」と探していた。

そして、ラムという白い犬が登場するのだが、小泉によれば、実は佐藤は犬が苦手だったとか。

佐藤は『寅次郎と殿様』で共演したアラカンこと嵐寛寿郎に励まされた。それでズーッとアラカンを役者人生の道しるべとしていた。佐藤にとって鞍馬天狗のアラカンは小さいころからのあこがれの人である。

殿様役のそのアラカンをリヤカーに乗せて、「下にー、下にー」と言いながら源公が走る場面がある。

「蛾次郎、もっと速く走れ」

山田監督からの叱声がとび、何度もやり直しをさせられた。

その時、アラカンが小さな声で、

「辛抱せいよ、辛抱せいよ、役者は辛抱だよ」と声をかけたという。

その言葉をいまも大切にしていると、佐藤は小泉に語った。

竹中労の『鞍馬天狗のおじさんは』（ちくま文庫）を大傑作と思い、私が編んだ『新・代表的日本人』（小学館文庫）では、幸徳秋水や与謝野晶子と並ぶ10人の「代表的日本人」の1人にアラカンを入れた私には羨ましい限りの話である。残念ながら私はアラカンに会えなかった。戦争中の前線慰問の語りを引く。

「職業軍人ゆうたら戦争中の特権階級や、とくに参謀部や恤兵部《じゅっぺいぶ》はあきまへんな。女郎屋と結託してワイロとっとるん、占領軍かてそうでっしゃろ。兵隊かわいそうや」

「憲兵、ほんまに怖かった。チンタオで俥曳《くるまひ》きが斬られるところ、この目で見ました。ここは通れんとか何とか口返答をした、ほたら軍刀をぬいていきなり肩口をズボッ、パーッと血が飛んだ。心臓が凍った、無抵抗な者を！　はいな、むかってくる者ならよろしい。

日本軍、弱いものいじめや。これが憲兵の腕章つけとった、戦争あきまへん」

前記の『おーい、寅さん』は『朝日』の「ニッポン人脈記」の連載である。この企画のプロデューサー的立場にいたのが先年亡くなった早野透だった。私との掛け合いで『寅さんの世間学入門』（ベストブック）を出すほど寅さん映画にのめりこんでいた早野は、何とか寅さんシリーズで1本と思い、下町支局長などをやり、寅さんに入れこんでいた小泉に目をつけて、社会部長に頼む。3ヵ月ほど寅さんに専念させてくれというわけである。それで小泉は「あとがき」に「朝日新聞コラムニストの早野透さん」にお世話になったと書いている。

寅さん一家も次々と欠けていく。

山田監督は、仁王様の渥美清、その足に踏んづけられている天邪鬼の佐藤のコンビで寅さんシリーズは成り立っていた、と語っている。

彩木雅夫

「長崎は今日も雨だった」を作曲したヒットメーカーの心意気

2022年9月16日没
享年89

落合恵子らのレディフレンドからヒンシュクを買う私の好きな歌に「なみだの操」がある。宮路オサムが歌ってヒットしたが、作曲が彩木雅夫。作詞が千家和也で、
〽あなたのために守り通した女の操
と始まる。
HBC（北海道放送）のラジオディレクターから作曲家になった彩木は札幌に住んでいた。そこを宮路が訪ねる。読売新聞社文化部の『この歌この歌手』（現代教養文庫）によれば、東京のお笑いグループ「殿さまキングス」の1人だった宮路は、「自分の歌が欲しかった」。
そのころ、大阪のお笑いグループ「ぴんからトリオ」が「女のみち」というヒットをとばす。「東の殿キンは西のぴんからに対抗する存在になる」とねらいを定めてチャンスを与えたのがビクターの元ディレクター、斎藤豊である。斎藤は上司だった滝井利信に頼ん

でデビューの約束を取り付ける。滝井は担当ディレクターに鶴田哲也を指名した。鶴田は後に作家となった山口洋子が『演歌の虫』のモデルにした男である。

鶴田は千家の詞で彩木の曲をと決めたが、彩木がなかなか取りかからない。鶴田に言われて宮路は札幌に向かった。彩木は宮路に身の上を聞く。問われるままに宮路は高卒後、茨城県から上京し、就職した東京の劇場で下積み生活を送り、やっと一言セリフのある役についたのに「なまりがある。俳優失格」と言われて流しの道に入ったことなどを話した。

これを聞いて彩木は「若いのに苦労している。何とか報いてやりたい」と思い、一肌ぬぐ気になった。

内山田洋とクール・ファイブが歌ってヒットした「長崎は今日も雨だった」も彩木の作曲である。作詞が永田貴子。

彩木は実はこの歌を作曲した時まで、長崎へ行ったことがなかった。だから、観光ポスターを2枚送ってもらい、それを見ながら曲を作ったのである。

当時まだHBCに勤めていた彩木は最初この話を断ろうと思った。すでに森進一の「命かれても」や「花と蝶」を作曲したヒットメーカーだったが、ご当地ソングというのが好きでなかったからだ。その土地に媚びているような気がした。

長崎生まれ、長崎育ちの永田の熱心な要請に動かされて、彩木もその気になる。当初のタイトルは「長崎の夜」だった。

彩木の札幌の家で打ち合わせをしていた時に外に目をやると雪で、どちらからともなく「長崎は今日も雨だった」にしようとなった。

これが縁となって彩木はその後、北海道の市や町を応援するご当地ソングを、むしろ、積極的に作った。

「メロデアスタウン美唄」や森進一が歌う「わが故郷は心のふるさと」（夕張市）などで、彩木は「僕の歌が、そこの活性化につながれば、こんな幸せはありません」と言っていた。

北の大地に根ざした作曲家の心意気だろう。

小西良太郎

「反逆の人生」を生きた音楽プロデューサーに会いたかった

2023年5月13日没　享年86

　この人には会いたかった。テレビの歌番組で飄々と語る風情に惹かれ、演歌についてじっくり話したいと思っていたのである。一緒に出ていた吉永みち子に尋ねたら、番組以外では話したことがないということだったが、とても感じのいい人だったとか。

　亡くなった後、あるいはと思い、私の従弟の若草恵にも電話した。作曲兼編曲家の若草は母親が私の母の妹である。

「何だ、まこちゃん、もっと早く言ってくれたら、よかったのに。ずいぶん世話になったんだ。日本レコード大賞などの改革にも尽力した人だよ」

『俳句界』の「佐高信の甘口でコンニチハ！」に登場してもらいたいと思いながら、先延ばししている間に逝かれてしまった。

　自称「はやり歌評判屋」というのもいい。

　高校を卒業して『スポーツニッポン』新聞社にアルバイト採用された。雑用係のいわゆる「坊や」である。正社員となった後は、文化部長、運動部長、編集局長を歴任し、常務取締役にまでなった。

訃報で私はその履歴を知ったが、そんな重々しさはテレビの画面からはまったく感じられなかった。

『スポニチ』は『毎日新聞』社会部長だった牧内節男という人が社長になって、突然、リクルート疑惑の連載をやれと号令を発し、私にお鉢がまわってきて1989年春にけっこう長い連載をやったことがある。当時、小西がどういう役職だったかは知らないが、縁はあったのである。

そしてまた、私が『東京スポーツ』に連載した古賀政男伝（旬報社刊「佐高信評伝選」第6巻所収）では、小西が「歌謡界の帝王」である古賀について、こう指摘しているのを引用している。

「郷里大川や母親せつさんの話になると、この人はよく泣いた。豪邸の主だが、一人では食事もできぬ寂しがり屋だった」

小西の葬儀で川中美幸は「人を引きつける磁石のような魅力のある方」と言ったという。

「坊や」から上がって苦労しただろうが、それを微塵も感じさせないような人だった。私は船村徹に何度も会ったが、小西も船村に傾倒していたらしい。船村もまた、気くばりの人だった。

船村は『歌は心でうたうもの』（日本経済新聞社）という自伝で、日本の音楽教育が西洋音楽至上主義でやってきたことを批判し、自分の作曲家人生はそれに対する反逆だったと言っている。小西も同じ思いだっただろう。

「フランスじゃあ、オペラの観客とシャンソンの聴衆は同じなんだぞ。音楽に上下はないんだぞ」

船村は常々こう言っていた。

「オペラは高尚で演歌は下品」という自称インテリたちへの反旗である。小西の人生もまた、反逆の人生だった。いま、あの世で小西は船村とおいしい酒を酌み交わしているに違いない。

冠二郎

演歌歌手は五木寛之に励まされ、夢を叶えた

2024年1月1日没
享年79

五木寛之と対談したのは『俳句界』の2020年1月号でだった。そこで五木はNHKが懐かしのメロディーとして取り上げる戦後の流行歌について、自分の実感とはズレると語っている。

若いディレクターが年表を見て、「リンゴの唄」や「買物ブギー」に注目するからだろうが、それでは戦後すぐに子どもも大人も歌っていた岡晴夫の「啼くな小鳩よ」とか、奈良光枝の「悲しき竹笛」、そして近江俊郎の「湯の町エレジー」などが落ちてしまう。

記憶と記録がどんどん食い違ってくると五木は残念がっていたが、五木には作詞家・立原岬という顔もある。

1977年春から始まったテレビ朝日のドラマ『海峡物語』は〝艶歌の竜〟とあだ名された高円寺竜三が主人公だが、原作は五木だった。高円寺には実在のモデルがいる。この竜がつくった劇中歌「旅の終わりに」を五木が作詞した。作曲は菊池俊輔である。

江藤潤が演じた歌手志望の新人がそれを歌う。しかし、江藤はいわゆる口パクで、実際に歌ったのは冠二郎だった。

読売新聞社文化部『この歌この歌手』（現代教養文庫）で、記者の奥山弘がその経緯を書いている。

五木はレコード会社から送られたデモ・テープを聴いて「抜群にうまい」と冠に白羽の矢を立てた。当時、冠はキングからコロムビアに移籍していたが、売れていなかった。その冠にそんな申し出が飛び込んで、ディレクターは喜んだが、影武者である冠の名前は伏せるという。『海峡物語』の視聴率は伸びていたし、その波に乗ればヒットすると思って、ディレクターはその条件をのんだ。

しかし、撮影が遅れて待たされるたびに、冠は屈辱感が募り、ふてくされていた。

そんな時、「五木先生が、お会いしたいそうです」と言われてモニター室に案内され、五木から、こう声をかけられた。

「名前も顔も出ない縁の下の仕事をさせて申し訳ない。ご不満でしょうが、レコード化の際は応援します」

それに冠は、

「ありがとうございます。ですが、僕はデビューしてまもなく10年、トウがたっています。いまさら、レコードを出しても」

と答える。五木は、

「いや、むしろ、10年続けてきたことに価値がある。これからじゃないですか」

と励ました。

「これからですか！」

と驚く冠に五木が続けた。

「そう、これからです」

冠はその前の年に師匠の作詞家・三浦康照に引退の相談をして一喝されていた。

「生意気いうな。引退とは、世に名が出た歌手がいう言葉だ。お前は夢破れただけだ」

冠はそこで旅をやめなかったから、夢を叶えることができたと言えるだろう。

ハリー・ベラフォンテ

美空ひばりの歌声に震えた「バナナ・ボート」の歌手

2023年4月25日没
享年96

1927年生まれのベラフォンテは城山三郎や藤沢周平と同い年だった。キング牧師と知り合って、その活動を支援し、南アフリカ大統領のネルソン・マンデラとも親交を深めた。

10歳下の美空ひばりとのこんなエピソードがある。1974年に来日したベラフォンテにひばりが会いたいと思う。それで、お嬢ことひばりの母親が竹中労に電話をよこした。竹中の『完本美空ひばり』（ちくま文庫）によれば深夜だった。

「竹中さんしばらく」とのおっかさんの声。

続いて、「ホンナントカ」にひばりが会いたいと言っているという。

「あなた知り合いでしょ、手紙を書いてくれない？」

それで竹中は浅草「よのや」の黄楊櫛《つげぐし》のセットを買い、ベラフォンテ夫人に贈って、長文の手紙を書いた。知り合いと言っても、1960年に来日した時にインタビューしたことがあるだけだった。

しかし会見は実現することになり、竹中は12万円もした櫛の代金を回収するために『週刊明星』に載せる対談の契約をしたという。

ひばりは会うと、とっておきの隠し芸を披露した。父親から習ったという三門博の「唄入り観音経」である。伴奏なしの切々たる口演はベラフォンテだけでなく、竹中をも震えさせた。

竹中は「それはもう凄いというより他に表現のしようもない、天来の調べであった。ベラフォンテほどのうたい手が圧倒されて声もなく、涙ぐんで聞き呆けていた」と書いている。

「あなたも何か?」と促されたベラフォンテは首を振って言った。

「今夜はうたえません。この唄を聴いたあとでは」

それはお世辞ではなかった。レパートリーに組んでいた日本の歌を、「さくらさくら」のオープニング以外はすべてやめたいと言い、そうしたからである。

「彼女の民謡を聴いたので、私はニッポンの聴衆の前でこの国の歌をうたうことがとても恥ずかしくなった」

フォルク・ローリコ、スペイン風に土着のうた、〝民謡〟とベラフォンテは言ったという。

この潔さもさすがに世界のベラフォンテなのだろう。代表的な歌の「バナナ・ボート」はジャマイカ人の労働歌で、「もうじき日が昇る。オイラは辛い仕事を終えて家に帰りたいんだ。伝票をつける人よ、バナナを数えてくれ」といった歌詞である。

美輪明宏の「ヨイトマケの唄」や岡林信康の「山谷ブルース」に似ているだろうか。後者は「今日の仕事はつらかった。あとは焼酎をあおるだけ」である。

ベラフォンテは俳優としても活躍したが、白人女優と共演した映画が南部で上映を禁止されたりもしている。

坂本龍一

名物編集者だった父と脱原発の新右翼

2023年3月28日没　享年71

新右翼といわれた鈴木邦男の「お別れの会」が開かれるのとほぼ時を同じくして坂本龍一が逝った。

この2人に共著があることに触れた追悼記事はなかった。その対話は2014年に出ている。題して『愛国者の憂鬱』（金曜日）。オビに「教授、右翼と何の密談ですか⁉」とあり、「脱原発、天皇制、音楽の起源――。世間がアベノミクスに浮かれ、レイシズムの言葉が飛び交う中、危機感に駆られた2人が緊急会合！　10時間にわたり思いを語り尽くした」と続く。

2人は2012年に首相官邸前で開かれた脱原発の集会で会った。偶然、隣り合わせにすわったのである。編集者に紹介されたのだが、坂本は鈴木を「右翼だからさぞかし怖い人だろう」と思っていた。新左翼の人間とも話す「変わった右翼」として知ってはいた。坂本の鈴木評を引く。

「初めて会って、至近距離で見た鈴木さんの目の、なんと穏やかなこと。もう少しで仙人になってしまいそうな好々爺の目です。こんな優しい目をした人にあまり会った記憶がありません。きっと長い時間、孤独に耐えて思索してきた人の目だろう、そしてこの脱原発の集会で会うとは、なんとも象徴的に今の日本の状況を表しているとも……（略）」

坂本の父親の一亀《かずき》は、鈴木が好きな三島由紀夫や高橋和巳を育てたとも言える名物編集者である。だから、『愛国者の憂鬱』にはこんな場面もある。鈴木が小田実の『何でも見てやろう』を読んで感動したと言うのを受けて、坂本がこう答えるのである。

「あれはうちの父が書かせたんですよ。学生だった小田さんに『1年かけて世界を廻って来い』って、お金を渡したんです」

「おわりに」で鈴木はそれに応じて「一亀さんは多くの作家を見出し、育て、多くの作品を作った。でも、この世に生み出した最大の作品は『坂本龍一』だと思う」と言っている。

確かにそうかもしれない。

国民がマスメディアを信じる率が日本だけ突出して高いことを坂本は危惧していた。

「70％ぐらいの人が信じてるようです。フランスは、お上の言うことは信じないという伝統があるので、ずいぶん低いですね。マスメディアを信じる人の割合も、40％とか、半分以下です。どうも日本人は新聞やテレビなんかが言うことを素直に信じちゃう傾向があるようです」

それを受けて、鈴木が共鳴する。

「戦時中はみんなが大本営発表に騙されて反省したはずなのに、変わっていません」

私は坂本に会ったことはないが、彼と結婚していた矢野顕子とは対談した。

矢野の辞書に「配慮」というコトバはなかったが、猫を飼うようになって転換したのではないかと尋ねると、彼女は答えた。

「たしかに猫は配慮ないですからね。前の亭主が問題だわ（笑）。彼が猫好きだったんですよ、すごく」

寺尾（錣《しころ》山《やま》親方）

父親・鶴ヶ嶺もマジメで言葉少ない相撲取りだった

2023年12月17日没 享年60

「ドキュメント師弟」という連載で、井筒親方と逆鉾《さかほこ》を取り上げたことがある。フリーになってまもなくで40年ほど前のことだった。逆鉾は寺尾の兄で、その上にもう1人、やはり力士になった兄がいて、井筒3兄弟と言われた。3兄弟とも、いまでいうイケメンだが、それには〝蔵前小町〟といわれた母親の遺伝子が入っている。

父親の鶴ヶ嶺（井筒親方）は、〝もろ差し名人〟で鳴らしたマジメな相撲取りだった。取材に対しても言葉少なである。

関脇まで行ったが、サッと立ってすぐにもろ差しになり、腕《かいな》を返して上手を取らせないその相撲は名人芸と称された。

「わしが巻きかえをやると、お客さんは喜んでくれた。しかし巻きかえなどは邪道なんだ。自分ではいわば卑怯な手だと思っていた。巻きかえてからの寄りは、長い土俵生活で体得した唯一の自慢できるものだけれど」

鶴ヶ嶺はこう語っていた。

その鶴ヶ嶺に、息子たちを相撲取りにと思ったのはいつごろか、と尋ねると――。

「相撲取りにするなんて、ユメにも思わなかった。長男がなりたいと言っているというのは女房から聞いたと思ったが、なりたかったらなればいいと言った。勉強でもできればね、別の道があるかもしれないけれども、勉強もあまりできなかったし、それなりの身体はあったから、本人がそういう希望なら、ちょうどいいと思った」

次男の逆鉾は高校を中退して、力士をめざす。この時、母親である井筒親方夫人は、

「相撲取りは1人でたくさんだ」

と反対した。

すると逆鉾は、それなら春日野部屋に入ると言う。そこまで言うならと弟子入りを認めたが、以来、逆鉾は父親を「お父さん」と呼んでいない。兄と同じように「親方」と呼んでいるのだ。

そして3男の寺尾も、1979年5月21日、母親が亡くなった通夜の晩に「親方」と呼ぶことを決意する。この時、寺尾は高校1年生で16歳だった。

稽古場で、井筒親方は、しばしば竹刀を振り上げる。

最も叩かれた回数が多いのが次男の逆鉾で、次が長男の福薗（鶴嶺山）だが、それは「自分の子どもは思い切って叩ける」からだ。しかし、親方も三男の寺尾は叩いたことがない。

「女房が甘やかして育てたし、若くして母親に亡くなられて、ふびんだと思う気持ちが先に立ってしまう」のである。

親子の縁を切って「親方」と呼ばせ、「ウチの子だけ特別扱いしないように、そのことには十分気をつけている」井筒親方も、稽古場の空気を引き締めるために「安心して」殴れるのは息子だけなのであり、中でも逆鉾がその対象となった。「いまはもう、お父さんという感じはしなくて親方だけど、よく叩かれたね」と言って逆鉾は舌を出した。

村田兆治

人生という野球で、カーブを投げられなかったのかもしれない

2022年11月11日没　享年72

経済評論家の神崎倫一が拙著『情報は人にあり』（講談社文庫）の解説に次のように書いてくれてから、村田兆治のことは気になりつづけてきた。

「ケレン味のない直球投手である。ロッテの村田兆治のように、ひたむきに攻めてくる。ぶつけられたら、さぞイタいだろうし――大分、悲鳴をきいた――観ている者にとってはこれくらい痛快なこともないだろう」

辛口評論家などといわれた私の批判を村田の豪速球にたとえてくれたわけだが、神崎の解説はその後、次のように続く。

「だが、ペンの凄味とはガラリと変わって、素顔の佐高信はカラリとした人柄で、飾り気がないナイスガイである」

神崎のリップサービスをそのまま引くのは気がひけるが、私はともかく、村田の素顔は「飾り気がないナイスガイ」なのだろう。

この文章が出たのが1992年2月。以来30年を私はとりわけ村田をわがことのように思って過ごしてきた。

そしてこの結末である。

人生を野球にたとえれば、村田はカーブを投げられなかったのかもしれない。直球とドスンと落ちるフォークボールだけで勝負してきた。

「かわす」というコトバは村田の辞書にはなかったのだろう。

村田の独特のピッチングフォームは〝マサカリ投法〟と名づけられたが、マサカリをかついだ村田が逃げるわけにはいかない。

1981年に19勝を挙げて最多勝利投手になった翌年、右ひじの腱を断裂し、83年にアメリカに渡って、トミー・ジョン手術を受ける。

当時はタブー視されていたこの手術に挑戦したところにも村田のひたむきさがうかがえる。これを含めて、村田は常に挑む男だった。84年のシーズン後半に復帰し、翌年は開幕11連勝を成し遂げ、通算17勝5敗の成績でカムバック賞を受賞している。

日曜日ごとに登板したので〝サンデー兆治〟と呼ばれた。

村田ならではの不屈のカムバックだった。

87年に2000奪三振、89年には200勝を達成して名球会入りし、90年に史上2人目の40歳代2ケタ勝利（10勝）を挙げたが、思うようにスピードボールが投げられなくなったとして、引退している。

カムバックとか、40歳代2ケタ勝利とかは脇目もふらない村田にこそふさわしい。村田で落とせないのは2008年から始めた全国離島交流中学生野球大会、通称・離島甲子園の開催である。

一見華やかに見えるプロ野球の光と影を見てきた村田だから思いついた企画だろう。

その一途さは、しかし、めぐまれた家庭をもたらさなかった。

9月23日の羽田空港での事件も、グチをこぼせる相手がいたら、起こらなかったかもしれない。ようやく訪れた永遠の休暇に安眠を願うばかりである。

吉田ルイ子

望月衣塑子が目指したジャーナリストの先駆性

2024年5月31日没
享年89

『東京新聞』の望月衣塑子は吉田を知ってジャーナリストをめざした。それまでは舞台女優になりたいと思っていたのである。中学生の時に会って握手をしてもらった。

2020年に出した私との対話『なぜ日本のジャーナリズムは崩壊したのか』(講談社+α新書)で望月は「吉田さんはいま80歳くらいで世田谷九条の会の呼びかけ人をなさっていたらしく、いつかどこかで繋がれたらいいなと思っているんですけどね」と言っているが、残念ながらその機会は得られないままに逝かれてしまったという。

私は吉田の『ハーレムの熱い日々』(講談社文庫、現在ちくま文庫)を『現代を読む　100冊のノンフィクション』(岩波新書)に入れた。

望月と同じ慶應の法学部を出てNHKに入り、朝日放送のアナウンサーになった後、フルブライト交換留学生としてコロンビア大学に学んだ吉田はそこでロバートという白人男性と知り合い、結婚した。

彼は中国経済地理学を専攻し、アメリカ共産党員として人種差別反対の公民権運動などにも積極的な考えをもつエリートだった。

そのロバートと吉田は、ニューヨーク市が黒人と白人の交流を図る目的でハーレムに建てたアパートに住むことになる。

そこで吉田は、吉田が撮った多くの黒人たちと友だちになるのだが、1964年夏、ハーレムに異変が起こり、吉田たちはアパートを出る。白人のアパート管理人と争いを起こした黒人の少年が私服の白人警官に射殺されたのに怒った黒人たちが各地で暴動を起こし、ハーレムでそれが爆発したのだった。

吉田は「2日間にわたる黒人と警官の撃ちあいをアパートの窓からヘルメットをかぶってずっと見ていた」という。

少し騒ぎが鎮まったのを見て、駐車場に行ったら、車はメチャクチャに壊されていた。

そのときロバートが、

「Shit!（クソッ！）」

という下品な言葉を吐き、

「Dirty Nigger!（きたない黒んぼめ！）」

と叫んだ。

吉田はこれにショックを受ける。〝ハーレムのリンカーン〟とまで言われ、人種差別問題に無知な彼女に黒人を軽蔑したり、差別したりする言動をとってはいけないと繰り返し説いていたロバートが、車1台をメチャメチャにされただけで、〝ニガー〟などと言うのか。

吉田は涙がとめどなく出てくるのをおさえることができなかった。これを契機に2人の間にヒビが入り、別れることになる。

「最近の日本の排外主義やヘイトを見ていても、他人事ではない。そういう意味でも、吉田ルイ子はやはり先駆的なジャーナリストだった」

望月との共著で私はこう言っている。

『ハーレムの熱い日々』はフォトジャーナリストを名乗る吉田の写真も輝いている。

おわりに

医師でもある海原純子に『佐高信の痛言痛罵』(徳間文庫)の解説を頼んだら、こんな逸話を明かされた。

早朝のテレビのニュース番組で初めて会った時、海原の隣に座った私はＣＭの合間に、画面に映し出された淡いピンク色の花を見て、

「あれは何の花でしょうね」

と呟いたという。

「まだ朦朧とした頭を周囲に気づかれぬように必死に回転させようとしていた」海原は驚いたらしい。

「緊迫感などどこへやら、まるで野原にいるような調子」だったとか。

彼女の解説をありがたいと思ったのは次の指摘である。「花を眺めていた穏やかな横顔

と不似合な過激な論評との関連について考え」た海原は、私が決して斬るのが好きな人ではないだろうと想像したという。そして私の評論の「キレ味は真の職業適性をもった外科医が病巣にメスを入れる時の真摯な鋭さと似ているように思えた」と続けている。さらに、私の文章の端々に「痛烈なのにもかかわらず斬られる痛みを感じる心が見えかくれしている」とも書いてくれた。

「人間が好きでその人の欠点も美点もすべて受けいれる度量のある人」という海原の過褒には誰よりも斬られた人間から異論が出るだろうが、私が花よりも「人間が好き」であることは確かである。だから、この本を書くことができた。

そのことを法政大学教授だった田中優子は『追悼譜』(ちくま文庫)の解説で、次のように描く。

「佐高信が涙もろいことは、書くもののはしばしに見える。涙もろさはその激情に由来し、その激情は人の存在の根に向けられている。人に付随している知識や立場や肩書きにではなく、その人が『存在している』というそのことじたいに、彼は子供のように驚き、喜び、感激し、熟知しようとする」

会いたかったと思いつつも会えなくなった人は多い。たとえば、五木寛之の小説『艶歌』や『海峡物語』に登場する伝説のディレクター「高円寺竜三」のモデルの馬渕玄三である。

〝演歌の竜〟と呼ばれることの多い馬渕は常々「学徒動員で一度は死んだと思っているから、その後の人生は〝余生〟のようなもの」と言っていたという。

競馬が好きで、ズボンの後ろのポケットには、いつも競馬新聞を突っ込んでいる。土曜日など、外出予定に「東京競馬場」とか書いてあっても、あまりに堂々としているので、誰も文句を言わなかった。それだけの大ヒットメーカーだったのである。

「僕は、皆が右へ倣えという方向には行かない」

こんなセリフを聞くと嬉しくなる。

この本には「会いたくなかった人」も登場するが、それでも人間はおもしろいなと思う。かなりの変化球のこの本を編んでくれた平凡社の岸本洋和さんへの感謝で結びたい。そして、何よりも手に取ってくれた読者にお礼を申し上げます。

2024年10月17日　　　佐高　信

【著者】
佐高信（さたか まこと）
評論家。1945年山形県生まれ。慶應義塾大学法学部卒業。高校教師、経済誌編集長を経て執筆活動に入る。著書に『逆命利君』『城山三郎の昭和』『総理大臣菅義偉の大罪』『田中角栄伝説』『石原莞爾 その虚飾』『時代を撃つノンフィクション100』『人間が幸福になれない日本の会社』『池田大作と宮本顕治』、共著に『安倍「壊憲」を撃つ』『自民党という病』『官僚と国家』『日本の闇と怪物たち 黒幕、政商、フィクサー』『この国の危機の正体』『お笑い維新劇場』など多数。著作集に『佐高信評伝選』（全7巻）。

平凡社新書1073

70人への鎮魂歌

発行日——2024年12月13日　初版第1刷

著者——佐高信
発行者——下中順平
発行所——株式会社平凡社
〒101-0051 東京都千代田区神田神保町3-29
電話 （03）3230-6573［営業］
ホームページ https://www.heibonsha.co.jp/
印刷・製本—TOPPANクロレ株式会社
装幀——菊地信義

ISBN978-4-582-86073-3